# 거꾸로 디자인하는 특수교육과정 탐구서

# 거꾸로 디자인하는 특수교육과정 탐구서

**지은이**  이은규 노소현 마예슬 손지훈 이아진

**발 행**  2018년 8월 31일
**펴낸이**  김영식 김정태
**펴낸곳**  좋은교사운동 출판부
**출판등록번호**  제2000-34호
**주 소**  서울특별시 관악구 남부순환로 218길 36, 4층
**전 화**  02-876-4078
**이메일**  admin@goodteacher.org

ISBN  978-89-91617-51-3    03370

www.goodteacher.org
ⓒ 이은규 노소현 마예슬 손지훈 이아진 2018

좋은교사 연구실천 프로젝트X 17

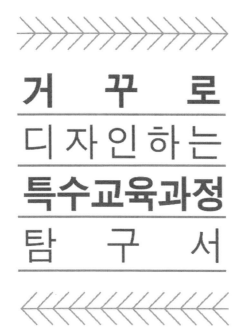

# 거 꾸 로
## 디자인하는
## 특수교육과정
## 탐 구 서

이은규

노소현

마예슬

손지훈

이아진

좋은교사

# 교육 난제는 현장 교사가 풉니다!

임진왜란 때 선조가 이순신에게 총공격을 명령했지만 이순신은 적의 유인 전략이라 판단하여 공격하지 않았던 일이 있습니다. 이로 인해 이순신은 관직을 박탈당했고, 대신 출정한 원균의 군대는 전멸하고 맙니다. 현장의 상황을 모르고 내린 결정이 얼마나 어처구니 없는 것인지를 보여주는 사례입니다.

"초등학교 사회 교과서는 대학생 교재보다 어렵습니다. 왜냐하면 그 많은 내용 요소를 압축적으로 구겨넣어 놓았기 때문이죠. 이런 교과서를 만든 사람이 한번 가르쳐보라고 하고 싶네요."

수업에서 학생들에게 배움의 기쁨을 누리게 하고 싶다는 것은 모든 교사들의 소망이지만 현장의 상황을 모르고 내려오는 교육과정과 각종 사업 등 수많은 장애물들이 우리의 발목을 붙잡고 있습니다.

"현장에 답이 있다"는 말을 많이 합니다만 교육정책을 좌우하는 관료, 교수, 정치인들은 현장 교사들의 목소리를 귀담아 듣지 않습니다. 이렇게 된 데에는 우리가 교육전문가로서의 교사의 역할을 적극적으로 찾지 못한 책임도 없지 않습니다.

이제 현장의 교육전문가인 우리 교사가 나서야 합니다. 우리 교육에는 수많은 난제가 산처럼 버티고 있습니다. 우공이산(愚公移山)의 결기로 우리 모두가 이와 씨름하는 일이 개미떼처럼 집단적으로 일어나야 합니다. 그러한 노력들이 격려되고, 공유되고, 확산될 때 우리 교육은 아래로부터 변화되어갈 것입니다. 이 과정은 교육전문가로서의 교사 성장에 큰 도전이 될 것입니다. 이를 통해 수동적 전달자가 아닌 능동적 연구실천가로 성장하게 될 것입니다.

좋은교사운동은 우리 교육의 난제를 현장 교사들의 힘으로 풀어 나가는 프로젝트를 시작했습니다. 이름하여 "좋은교사 연구실천 프로젝트 X"입니다. X는 난제를 뜻합니다. 이제 X를 붙들고 고민한 결과가 세상에 모습을 드러냈습니다. 그 동안 바쁜 학교생활 가운데서도 시간을 쪼개어 문제와 씨름하는 노고를 감당하신 선생님과 멘토와 행정적인 모든 수고를 감당해주신 사무실의 간사님들과 연구위원장 조창완 선생님께 존경과 감사의 뜻을 전합니다.

- 사단법인 좋은교사운동

## ‖ 목 차

# Ⅰ. 고민의 시작

## 1. 특수교육과 교육과정, 왜 어려울까?

### 1) 아기 오리가 계단을 올라가려면?

언젠가 학교에서 교사 대상 연수를 할 때 본 동영상입니다. 인터넷에서 검색하면 쉽게 찾을 수 있는 영상인데 엄마 오리와 새끼 오리가 계단을 올라가는 장면입니다. 엄마 오리는 먼저 계단 위에 올라가 새끼 오리가 스스로 올라올 때까지 끝까지 바라보기만합니다. 그 동안 새끼 오리 열 마리는 스스로 계단 한 칸을 올라가기 위해 무던히 애를 쓰고, 결국 끝까지 모두 계단을 올라가서 엄마를 만나고야 맙니다. 이 동영상을 보고 느낀 점을 말해보라 했는데 그 때 우리 학교 선생님들의 반응은 강사님을 충분히 당황하게 하고도 남았습니다.

보통의 일반교사들이 보고 느낀 점은 대부분 도전하는 마음, 끝까지 기다려 주는 교사의 마음, 한 아이도 포기하지 않는 교육, 모두 함께 목표를 달성하는 교육활동 등 대체로 한 명의 아이도 학습의 목표에서 누락되지 않고 함께 끝까지 가는 모습을 생각하며 감동받았다는 것이었습니다. 물론 처음에는 비슷한 내용이 나오기는 했으나 점차 강사님을 당황하게 했던 이야기는 왜 경사로는 보이지 않는가, 오리들이 다른 곳으로 돌아가면 안 될까, 굴러 떨어지면서까지 도전해야 하는 오리들이 불쌍하다, 왜 엄마는 위에서 쳐다보고만 있을까, 굳이 저렇게까지 해야 할까 등 불편한 마음을 담은 이야기였습니다.

동영상을 보고 어떻게든 계단을 올라가려는 오리들이 귀여워 웃었지만 불편한 마음으로 보았던 선생님들처럼 계단의 높이가 잘못된 것은 아닐까, 꼭 올라가야할 계단이라면 다른 방법을 제시할 수

는 없을까 생각했습니다. 계단을 교육 목표에, 엄마오리를 교사에 빗댄 것이고 특히 그 엄마오리가 특수교사라면 계단을 오를 수 있는 다른 방법을 제시할 수 있어야 하지 않을까요?

## 2) 교사는 왜 전문가인가?

우리나라는 교육과정 관련 기준과 지침, 교과서 제도에 대한 최종 결정권과 이를 승인할 책임이 교육부에 있는 국가수준 교육과정 체제를 갖추고 있습니다. 교육부에서 고시되는 교육과정은 가장 상위의 교육과정 문서로 이를 기반으로 하여 시·도 교육청 수준의 교육과정이 개발되고 학교 내 구성원의 요구와 각종 실태 조사 및 분석을 통해 시사점을 추출하여 지역의 특수성과 각 학교의 실정에 알맞게 학교 교육과정의 방향을 정하게 됩니다. 그리고 구체화된 교육 실천 계획을 세우게 되는 학교 수준의 교육과정, 학급(교사) 수준의 교육과정 순으로 개발됩니다.

교육과정은 전문가 집단, 사회적 요구 및 합의를 담아 개발되는데 이러한 교육과정은 학교교육 현장에서 교사와 학생간의 교육적 상호작용을 통해 소기의 성과를 거둘 때 의미가 있습니다. 그러나 너무 세세하게 제시된 교육 내용과 방법은 교사로 하여금 외부에서 주어지는 교수요목들을 단순히 수용하고 전달하기만 하는 매개체로서만 인식하게 할 수 있습니다. 교사들은 외부에서 주어진 교육과정을 실행하기만 하면 되므로, 교육과정 개발과 관련된 중요한 전문적 의사결정 권한의 부재는 교사 스스로 왜 무엇을 가르쳐야 할지 고민하지 않고 수동적으로 내용을 전달하는데만 치중하게 되는 결과를 가져옵니다.

어떤 목적을 위하여 무엇을 가르칠 것인가를 제시한 문서로써의 교육과정이 실제 수업에서 전개되는 과정에서 교사에 의해 어떻게 해석하고 다루느냐에 따라 유의미한 교육과정이 될 수도 있고 죽은 문서로써의 교육과정이 될 수도 있습니다. 그리고 실제 수업을 통해서 실현된 교육과정이 학생들의 학습 능력이나 경험 배경에 따라 다른 성과를 낳게 되기도 하는데, 같은 교사가 같은 내용을 가르쳐도 학생들의 학습 능력이나 경험 배경에 따라 갖게 되는 내적 경험

이 다를 수 있고 그 성취 수준에도 개인차가 있을 수 있습니다. 개발된 교육과정이 의도한 바대로 실행되어 실질적인 변화와 개선이 이루어지기 위해서는 국가에서는 교육 현장의 요구와 필요를 이해하고 지원해야겠지만 교육과정 개발자 또는 연구자로서의 교사는 스스로 자신의 현장 경험이 갖는 의미를 숙고하면서 교육과정 전문가의 역할로 전문성과 자율성을 발휘해야 합니다.

그러나 특수교육 교육과정 편성 및 운영, 특수교육대상학생의 교육적 요구와 역량 강화, 교실에서 가르치고 배우는 것, 학습 결과에 대한 확인과 환류 등 유기적으로 연결되어 순환되어야 하는 과정이 실제로는 분리되어 형식적이거나 별도로 수행해야 하는 부담스러운 일로 작용하고 있는 것이 현실입니다. 이런 현상이 발생하게 되는데에는 크게 2가지 이유를 들 수 있습니다.

첫 번째는 교육과정에 대한 현장교사의 무관심입니다. 교육과정과 교과서를 같은 개념으로 사용하거나 교육과정에 대한 범위를 좁게 한정지어 정의하기 때문에 교과서와 지도서 위주로 수업을 진행하는 경우가 있습니다. 이런 경우는 교육과정에 대한 이해가 부족한 상태로 그저 진도에 급급해서 교과서에 있는 활동 예시들을 따라 하기 때문에 아이들의 교육적 요구를 제대로 반영하기 어렵습니다. 혹은 개별화교육계획을 교육과정에 참여하는데 필요한 지원 사항을 담은 문서와 활동으로 보는 것이 아니라 학생 개인에 대한 교육과정으로 인식(이대식, 2013)하고 있기 때문에 개별적 현행학습 수준, 그에 따른 교육 목표, 내용 등을 담은 개별화교육계획이 해당 학년에서 도달해야 할 교육과정의 교육내용과 성취기준에 우선한다고 판단하여 이를 수업활동의 기준으로 삼는 경우도 종종 볼 수 있습니다. 한편으로는 과중한 교무업무에 대한 부담으로 교육과정을 연구하고 학급특성에 맞게 재구성하며 교수학습 자료를 개발할 만한 시간과 환경적 여건이 되지 않는 때도 있습니다. 교사가 원하는 교육과정의 방향이 있었음에도 불구하고 지정한대로 가르쳐야 했고 거기에 내가 동의하지 않은 학교의 특색사업과 교육청에서 지시하는 교육활동들로 1년 동안의 교육과정이 갈 길을 잃었을지도 모릅니다. 그렇게 몇 년 반복하다보니 해봐야 소용없다는 무력감을 안게 된 것일 수도 있습니다. 또한 급변하는 시대 상황과 복잡다단한 사회적 요구를 쉽게 반영할 수 있도록 교육과정을 더 이상 전면적 또는 일률적으로 개정하지 않고, 수시로 부분적으로 개정하기로 한 취지는 이해합니다. 그러나 학교교육의 근간이 되는 교육과정의 잦은 변화는 "또? 왜?"라는 물음과 함께 이런 변화가 나와 아이들의 교실 속 삶에 얼마만큼 의미 있나 고민하게 됩니다.

두 번째는 교과 내용이 장애학생에게 적용하기 어렵다는 것입니다. 2008 특수교육 교육과정에서 2011 특수교육 교육과정으로의 기본교육과정 변화는 매우 획기적이었습니다. 특수교육의 보편성을 강조하고 통합교육 측면에서 장애학생에게 필요한 별도의 교육과정을 개발, 적용한다는 생각에서 벗어나 일반 학생과 같은 교육 내용을 경험하도록 지원하고자 했습니다. 그러나 실제로 이 교육과정을 적용하게 되는 학생들 중에 다수를 차지하는 중도·중복 장애학생에게는 너무 어려운 교과교육 목표와 내용 때문에 특수학교에서는 몸에 맞지 않는 옷처럼 적용상의 어려움이 많아 현실적으로 교육

목표, 내용을 적용하기 매우 어렵고 관점에 따라 학생에게 꼭 필요한 교육 내용이 아닐 수도 있다는 비판이 제기되었습니다. 물론 2015 개정 특수교육 교육과정에서는 이 같은 현장의 목소리를 반영하게 되었고 기본교육과정은 중도의 지적장애 학생들의 지적 수준을 고려하여 실생활 및 삶과 연계되는 내용을 중심으로 구성하였으며 2011 기본교육과정에 비하면 내용이 많이 쉬워졌습니다. 가장 상위의 성취기준이 2011 기본교육과정에서 일반학교의 초등 5학년 수준이었다면 2015 기본교육과정에서는 초등 2학년 수준으로 낮추기도 하였으나 여전히 현장에서는 어려움을 토로하고 있습니다.

일반학급이나 특수학급에 배치되어 통합교육을 받는 특수교육 대상학생 또한 교육과정 적용상의 어려움은 동일하게 존재합니다. 이들에게는 초·중등학교 공통 교육과정을 적용하게 되는데 최대한 학생이 배치된 학년에서 제시하는 성취기준에 도달할 수 있도록 교육과정을 편성하는 과정에서 교과서에서 주어진 단원의 내용이 아니라 교육적 요구와 장애 특성을 반영해야 합니다. 즉 보편성과 특수성을 고려하여 다양한 하위 내용과 방법을 개발하는 특수교사의 전문성이 요구됩니다.

장애학생은 느린 학습자입니다. 일반학생들이라면 밥 먹기나, 옷 입기, 가게 이용하기 같이 자연스럽게 습득되는 기술들이 중도중복 장애학생들은 수백 번, 수천 번의 연습을 통해 수행할 수 있게 됩니다. 경도 장애학생들 또한 사회성, 자기 결정 등에 있어서 일반학생들이 성장 과정에서 자연스럽게 느끼고 배우는 것들을 일부러 학습의 기회를 제공하고 체계적으로 지도해야 하는 경우가 많습니다. 이처럼 장애학생들은 일반 아이들에 비해 학습 내용을 배우고 익히는데 정도의 차이는 있지만 대체로 느리기 때문에 우리는 아주 평범한 학습내용 혹은 일상생활 기술이라 할지라도 어떤 것을 어떻게 가르칠지 매우 고심해서 결정합니다. 더디게 배우는 학습자에게는 지금 당장 꼭 배우고 습득해야만 하는 교육 내용을 선별하는 건 아주 중요한 일입니다. 현재 가르치고 있는 것 중에서 혹시 가르치지 않아도 될 만한 것들 때문에 마땅히 가르칠 만한 것을 빠뜨리고 있지는 않은지 고민하고 반성해야 하기 때문입니다. 우리가 불필요한 것, 덜 중요한 것을 가르치다 보면 반드시 꼭 필요한 것, 더 중요한 것을 가르칠 기회를 잃어버리게 됩니다.

그러나 이러한 측면에서 교과가 맞지 않기 때문에 생활 기술 중심의 교육 내용이나 치료교육 위주의 교육과정을 개발해야 한다는 것은 아닙니다. 독일의 경우 역사적으로 볼 때, 중도·중복 장애학생의 교육목표나 교육이해가 너무 협소하고 부적절하며, 이로 인해 수업에서 어떤 교과내용을 어떻게 가르쳐야 할지 방향을 잡지 못할 때 마다 항상 교과 대신 치료를 더 많이 제공해야 한다는 주장이 제기되었으며, 이는 다시금 학생들의 수업권, 교육권 박탈로 이어졌습니다(Dreher, 1998; Fornefeld, et al., 2010; 이숙정, 2013 재인용). 교육과정에는 학생이 살아갈 사회에서 요구하는 보편적 교육 내용이 담겨져 있고 장애학생 또한 미래에 같은 사회에서 살아가게 된다면 보편적인 교육 경험을 하는 것은 매우 중요한 목표가 될 수 있기 때문에 교육목표, 내용 등 기준을 바꾸는 것이 아니라 학생의 특성과 필요를 고려하여 가르치는 방법을 결정해야 한다는 의미입니다.

이에 대한 문제점을 해결하기 위한 한 가지 방안으로 이해중심 교육과정의 백워드 설계 모형을 고려해 볼 수 있습니다. 백워드 설계 모형에서는 학습 목표 달성을 위해 흥미 위주의 활동을 나열하고 그에 따른 평가 과제를 개발하는 것이 아니라 성취 기준, 즉 단원의 기반이 되는 핵심 개념과 일반화된 지식, 그에 따른 내용 요소에 기초하여 이를 잘 달성했는지 확인할 수 있는 평가 과제를 개발하고 이 평가 과제를 수행할 수 있도록 학습 활동을 계획하고 조직합니다. 그리고 평가 과제는 학생이 영속적 이해에 도달했다고 볼 수 있는 결과물 혹은 증거로 기능할 수 있어야 합니다. 이러한 단계를 거쳐 단원을 개발하는 교사는 학업을 마친 이후에도 장기적으로 평생의 학습에 영향을 미칠 수 있는 영속적인 이해를 중심에 두고 효과적인 학습 전이를 고려하며, 교육과정 개발자, 실행자, 평가자로서의 전문성을 향상시키는 경험을 할 수 있습니다(Wiggins & McTighe, 2005; 박일수, 2012 재인용).

그동안 백워드 설계 모형의 현장 적용 가능성을 탐색한 선행 연구가 있으나 대체로 일반교육 영역에서 이루어지고 있고 특수교육에서는 초등특수학급 교육과정과 개별화교육계획과의 연계 방안을 위한 연계 방안을 탐색한 연구가 아직까지 전부입니다(강은영, 박윤정; 2016). 이에 본 연구에서는 기본교육과정의 수학과 자료 영역을 중심으로 하여 백워드 설계 모형의 특수교육 교육과정 적용 가능성을 탐색하고자 합니다.

## 2. 특수교육과 교육과정, 무엇을 어떻게 풀어갈까?

### 1) 연구 문제

본 연구는 2015 개정 특수교육 교육과정의 기본교육과정, 그중에서도 수학과의 자료 영역을 분석하고 교육과정 설계 모형으로 이해중심 교육과정의 백워드 설계 모형 단원 개발 절차를 적용하여 개별화교육과 교육과정, 수업, 평가의 체계를 세우기 위한 연구로 이러한 본 연구의 목적을 달성하기 위하여 선정한 구체적인 연구 과제는 다음과 같습니다.

첫째, 2015 개정 특수교육 교육과정의 기본교육과정 수학과 자료영역에 제시된 성취기준을 확인하고 핵심 개념과 일반화에 도달할 수 있도록 도와주는 핵심질문을 구성한다.

둘째, 학생이 앞서 설정한 핵심 내용을 이해했는지 확인할 수 있는 수행과제와 평가 루브릭을 개발한다.

셋째, 앞서 개발한 수행 과제를 성공적으로 완수할 수 있도록 학습활동을 개발하고 계열화하여 단원을 개발한다.

2015 개정 교육과정에 대해 여러 측면에서 비판이 많은 것으로 알고 있으나 국가 교육과정 문서는 외형적으로는 행정규칙이지만 실질적으로는 법적 구속력이 있으므로, 교육과정의 개발 시 신중을 기해야 할 필요성이 있고 특히 적합성, 실천 가능성 측면에 있어서 현장교사가 개발하기 어려운 측면이 있습니다. 따라서 본 연구에서

는 기존 교육과정을 근간으로 하되 백워드 설계 모형과 2015 특수 교육 교육과정을 분석하고 그 적용 가능성을 탐색하는데 목적을 두고자 합니다.

## 2) 연구 방법

본 연구에서는 2009 개정 초등학교 수학과 교육과정, 2011 기본교육과정 수학과 교육과정, 2015 개정 초등학교 수학과 교육과정, 2015 기본교육과정 수학과 교육과정, 수학과 교과서 및 교사용 지도서(2009 개정 교육과정, 2011 기본교육과정), 백워드 설계모형, 맞춤형 수업, 평가에 관한 문헌을 검토하고, 백워드 설계 모형을 적용하여 자료 영역 단원을 개발하였습니다.

# II. 거꾸로 디자인하는 교육과정 탐구

## 1. 백워드 설계 모형과 맞춤형 수업

### 1) 백워드 설계 모형

　백워드 설계모형의 원래 명칭은 Understanding by Design으로 이해중심 교육과정이라는 교육과정 설계모형의 또 다른 표현이며 기존의 과정과 반대로 이루어지는 것처럼 보인다고 해서 백워드라는 별칭이 붙었습니다. 기존의 단원 설계 모형은 주어진 학습 목표를 보고 어떤 재미있는 활동을 수업에 포함시킬 것인가를 생각하여 수업이 모두 이루어진 후에 평가를 실시하였습니다. 그러나 백워드 설계에서는 수업을 하기 전에 단원의 기반이 되는 중요한 내용이 무엇인지를 학문의 핵심 개념과 원리들에 기초하여 끌어내고, 학습자들이 그 내용을 제대로 이해하였음을 드러내는 증거로 평가과제를 개발합니다. 그렇게 한 후 학생들이 평가 과제를 성공적으로 수행할 수 있도록 학습 활동을 계획하고 조직합니다.

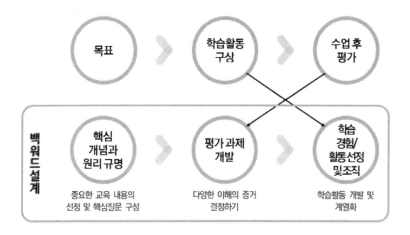

백워드 설계에는 기존의 교육과정 이론과의 공통점이 있습니다. 목표 중심 모형이라고 말하는 Tyler의 모형은 학교에서 달성하고자 하는 교육목표는 무엇이고 교육목표를 달성하는데 유용한 교육경험은 어떻게 선정해야 하며 효과적인 수업을 위해 학습 활동을 조직하고 학습경험의 효과성, 즉 교육목표달성 여부를 어떻게 평가할 수 있는지의 순서로 교육과정을 개발하게 됩니다(홍후조, 2011). Tyler는 교육의 목표가 구체적으로 무엇이어야 하는가를 규정하지 않고 고려해야 할 몇 가지 사실들만을 제시하였습니다. 그리고 목표는 수업의 결과로 얼마나 달성될 수 있을지 학습자에게 기대되는 행동 변화로 명확하게 진술해야 합니다. 이해중심교육과정에서는 이해가 교육 목표가 되어야 하며 Tyler의 개발 아이디어에 기초하여 학습 활동 선정 및 조직 단계와 평가 단계를 바꾼 것은 그만큼 평가의 중요성을 강조하고 평가가 교육활동을 이끌어가는 것을 중요하게 생각한다는 것입니다. 이해라는 목표가 중요한 만큼 이해했다는 증거를 확인하고 평가하는 단계 또한 중요하기 때문에 목표 설정 단계 후에 평가를 설계하도록 하고 있습니다.

교과 고유의 지식, 교과의 빅 아이디어, 개념, 일반화를 이해해야 할 교육 내용으로 보았다는 점에서는 Brunner와 같은 논리를 취한 것이라고 볼 수 있습니다. Brunner의 '교육의 과정'에 의하면[1) 학생들에게 가르치는 교육 내용은 '지식의 구조'(또는 '교과의 구조') 이며 지식의 구조를 가르친다는 것은 지식을 이해하고 기억하며 적용할 수 있도록 가르치는 것입니다. 그리고 그 지식을 이해, 기억, 적용할 수 있도록 배웠을 때 학생은 지식의 구조를 파악했다고 볼 수 있습니다. 이와 관련하여 Wiggins와 McTighe는 단편적인 사실이나 기능을 나열하여 가르치는 것이 아니라 다음과 같은 그림에 근거하여 교육내용을 선정할 때 우선순위를 두어야 한다고 이야기했습니다.

교육과정 내용의 우선순위[2)

무엇을 가르치고 배울 것인지에 대해 더 중요한 것과 꼭 필요한

---

1) 이홍우, 교육과정 탐구(서울:박영사, 2015), p.57-67.
2) Wiggins & McTighe, 1999; 2005; 김경자 · 온정덕, 이해중심교육과정(서울: 교육아카데미). p.66.

것을 선정하는 것은 매우 중요한 일이라고 앞에서 이야기한바 있습니다. 이와 관련하여 우선적으로 어떠한 교육 내용을 선정할 것인지 3개의 원에 기초하여 결정하게 됩니다. 교과에서 해당하는 소재, 사실, 정보들 모두를 학교 수업에서 다룰 수 없기 때문에 그중에서도 핵심 개념과 원리를 배우기 위해 친숙해져야 하는 내용들이 가장 바깥 동심원에 해당합니다. 그리고 중간 원에 들어가야 하는 내용은 친숙해져야 하는 사실과 정보들 중에서도 비슷한 개념들끼리 묶이거나 하나의 개념으로 다른 하나의 개념과 연결되기도 하는, 보다 더 중요한 개념과 기능입니다. 가장 작은 원은 이 비슷한 개념들끼리 묶여진 더욱 상위 개념으로 시간이 많이 흐른 뒤에도 다른 사실들은 잊어버렸지만 학습자에게 남아있는 영속적 이해와 일반화입니다. 즉, 중간원의 개념들보다 전이력이 높고 더욱 다양한 상황들과 사실에 적용될 수 있는 빅아이디어를 나타냅니다. Wiggins와 McTighe(2005)는 교육과정에서 제시되는 성취기준과 교과서에 소개된 학습활동에 빅아이디어가 어떻게 녹아져 있는지 교육과정 풀기(unpacking curriculum)를 통해 확인해야 한다고 하였습니다.

### 2) 맞춤형 수업

이해중심교육과정의 틀을 제공한 Brunner를 중심으로 학문중심 교육과정을 주장하는 이들은 지식을 하나하나 빠짐없이 전달하는 것이 아니라 근간이 되는 핵심적 요소를 찾아 가르쳐야 한다고 했습니다. 그렇지만 이런 교육과정이 학문이나 교과의 기초 단계를 배워야 하는 학생들에게도 과연 유용한가 하는 지적도 있습니다. '맞춤형 수업과 이해중심 교육과정의 통합'을 저술한 Tomlinson과 McTighe는 인지적 기능 장애가 있어 개별화교육계획이 필요한 학생에게는 일반학생의 내용 목표와는 다른 종류의 목표가 지속적으로 필요하다고 했습니다. 그렇다고 해서 특수교육대상학생이 기초적인 학습 기술을 포함한 기초 학습 내용만을 반복해야 하는 것은 아닙니다. 학생이 개별화교육목표에서 달성해야 하는 기능을 교육과정에서 제시된 내용기준의 학습활동과 통합시켜 그 상황 속에서 기능을 습득하도록 할 수도 있기 때문입니다. 기초학습기능을 습득해야 하는 학생은 그것을 위해 체계적인 교수가 필요하긴 하지만 기초학습기능을 다양한 상황과 맥락에서 적용해볼 수 있다면 어떤 목적을 위해 배워야 하는 것인지 보다 큰 그림을 볼 수 있게 되어 학생은 스스로 배움에 대한 동기와 필요를 느낄 수 있게 됩니다. 학생의 성장 시기와 학업 수준에 따라 일직선으로 나열한 교육과정이라면 모든 학생에게 출발하는 지점을 같게 하고 이전 단계가 성취되지 않는다면 다음 단계로 나아갈 수 없다고 인식하여 학생에게 제한된 학습 내용을 전달하게 될 수도 있습니다. 그러나 빅아이디어는 같지만 제시하는 방식과 수준을 다르게 하여 점차 상위의 수준으로 나아가는 나선형 식의 교육과정에서는 같은 내용을 배우되 출발 지점을 유연하게 적용할 수 있습니다.

그러나 영속적 이해, 빅아이디어를 동일하게 적용하더라도 학생이 가지고 있는 배경 지식이나 학습 수준을 이해하지 못하고 그 학생들을 위한 효과적인 전략을 실행할 수 없다면 최적의 교육과정이라 할지라도 그 효과는 제한적일 것입니다. 학생들마다의 능력, 관심, 흥미 등은 모두 다르기 때문에 교사는 다양성을 배려하고 존중해야 합니다. 이를 위해서는 비슷한 요구를 가진 학생들을 모아 해당 그룹의 학생들에게 더 효과적인 방법을 적용하는 맞춤형 수업과의 상호 지원 체계를 갖추어야 합니다. 맞춤형수업은 학생 한명 각자의 요구를 완벽하게 이해하고 그에 따른 수업을 준비하고 진행하는 개별(일대일) 수업과는 조금 다릅니다.

다음의 표와 절차는 이해중심교육과정의 어느 지점에서 맞춤형 수업을 적용할 것인가를 제시합니다.

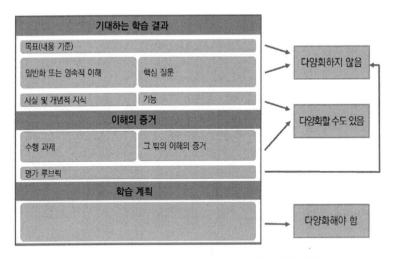

〈이해중심 교육과정의 틀에 맞춤형 수업을 적용하기〉3)

3) Carol Ann Tomlinson & Jau McTighe, 김경자 · 온정덕 · 장수빈 공역, 맞춤형 수업과 이해중심 교육과정의 통합(서울:학지사) p.65-69

특수교사가 7명4) 이하 소수의 학생을 지도한다고 해도 일반교실보다 훨씬 더 넓은 학습 수준과 요구의 스펙트럼을 가진 특수교육 현장에서는 교육과정을 수립하는 학기 초부터 섬세하고 치밀하게 설계하지 않으면 단일 교육과정을 적용하기가 매우 어려워집니다. 그리고 일부에서는 개별화교육계획의 실행이 마치 개별교수로 이루어져야 하고 이 때문에 수업과 교육과정 수준간의 불일치가 발생하게 되어 교육과정상의 내용을 적용할 수 없다고 주장하기도 합니다. 그렇지만 위의 표를 통해 단일 교육과정을 적용하는 교실 상황에서 다양한 학습수준을 가진 특수교육대상학생에게 어떠한 절차를 통해 교육적 요구에 알맞게 모두 동일하게 경험해야 하는 성취기준5)을 적용하여 전달할 수 있을지 알 수 있습니다.

영속적 이해와 핵심질문은 학문을 연결하는 개념적 중심이 되기 때문에 학습자에 따라 마음대로 수정하지 않습니다. 한편에서는 중도의 지적장애학생을 위한 대안적 교육과정이 필요하다는 주장도 있지만 대안적 교육과정이라 할지라도 목표를 낮춰 낮은 수준의 목표를 지닌 내용을 선정하는 것이 아니라(전병운, 2014), 초중등학교 교육과정의 중핵적이고 근본적인 내용과 동일한 목표를 추구하면서

---

4) 특수학교 및 특수학급의 법정 정원은 유치원 4명, 초등학교 및 중학교 6명, 고등학교 7명이다(장애인등에 대한 특수교육법 제 27조 특수학교의 학급 및 각급학교의 특수학급 설치 기준).

5) 원래의 성취기준은 '학생들이 교과를 통해 배워야 할 내용과 이를 통해 수업 후 할 수 있거나 할 수 있기를 기대하는 능력을 결합하여 나타낸 수업활동의 기준'(교육부, 2015)이라고 되어 있으나 기본교육과정의 경우 성취기준은 반드시 달성해야 할 목표가 아니라 학생들이 경험해야 하는 것이라고 기술되어 있다.(교육부(2016). 2015 개정 특수교육 교육과정 총론 해설서. p.206)

도 복잡성을 줄여 구성한 대안적인 내용이어야 합니다(정동영 외, 2011). 그러나 학생들이 가지고 있는 선행 지식과 기능 수준이 다양하기 때문에 사실 및 개념적 지식과 기능은 다양하게 적용할 수도 있습니다. 또한 학생이 이해해야 할 빅아이디어를 고려하여 반응하는 양식은 다양하게 제공할 수 있지만 이 때 평가하는 평가 준거는 동일하게 해야 합니다. 그리고 학습 경험을 제공할 때는 다양한 선행 지식과 기능 수준을 고려하여 반드시 다양화해야 합니다. 이 과정에서 개별화교육계획이 현행학습수준과 교육과정이 의도하는 것을 성취하려고 할 때 장애로 인해 어려움이 있다면 그 어려움을 어떻게 해소시켜줄 수 있을지 지원 사항에 대한 정보를 제공하게 됩니다.

## 2. 특수교육 교육과정[6]

### 1) 특수교육 교육과정 체계

특수교육 교육과정은 초·중등학교 교육과정을 근간으로 특수교육대상학생의 교육적 요구의 보편성과 특수성을 반영하여 연관 짓고 조정한 교육과정으로 총론과 교과교육과정인 각론으로 구성되어 있습니다.

유치원교육과정은 일반유치원 교육과정인 누리과정의 목적을 장애 유아의 특성에 맞게 설정하였고 공통 교육과정은 일반학교에서 통합교육을 받는 학생들을 중심으로 적용하고 주로 지적장애가 없는 시각·청각·지체장애 학생을 대상으로 합니다. 전문교과교육과정은 선택중심교육과정으로 장애학생의 직업교육을 지원하기 위한 교육과정으로 고등학교 과정에 해당합니다. 기본교육과정은 일반교육과정을 수정하여도 적용이 어려운 지적장애 학생을 위한 대안형 교육과정입니다. 그렇지만 보편적으로 이렇다는 것이고 2015 개정 특수교육 교육과정은 장애 유형에 따른 특정 교육과정을 규정하지 않고 있기 때문에 하나의 학교에서 공통교육과정(초 1~중 3) 및 선택 중심 교육과정(고 1~3) 외에 이 교육과정의 적용이 어려운 특수교육 대상 학생에게는 기본교육과정(초 1~고 3)을 편성·운영할 수 있습니다. 이는 특수학교에만 해당되며, 특수학급의 경우에는 공통

---

6) 교육부(2017). 2015 개정 특수교육 교육과정 총론 해설서. p31-39. 정리

교육과정 및 선택 중심 교육과정을 편성하고 필요할 경우 '내용 대체'의 방법으로 교육과정을 조정하여 운영할 수 있습니다.

## 2) 기본교육과정의 성격 및 대상

기본교육과정은 초중등학교 교육과정을 수정하여도 적용이 어려운 지적장애 학생의 발달 수준을 고려하여 개발되었고 교과와 창의적체험활동, 학교생활 전반에 걸쳐 학생의 실제적 삶 속에서 무언가를 할 줄 아는 실질적인 능력을 기를 수 있도록 하기 위해 핵심역량을 제시하였습니다. 미래에 성공적이고 독립적인 생활을 영위하기 위해 필요한 교육내용 및 지역사회와 환경과의 상호작용을 강조하는 교육활동을 위주로 선정되었습니다.

## 3) 기본교육과정 편성 및 운영

또한 기본교육과정은 5개 학년군으로 구분하였지만 학생의 발달단계 및 능력을 고려하여 실생활 및 삶과 연계되는 내용의 수준별 교육과정으로 운영할 수 있도록 개발되었기 때문에 학생에게 어렵다면 아래 학년의 내용을 적용할 수 있습니다. 그리고 기본교육과정의 성취기준은 반드시 달성해야 할 목표가 아니라 학생들이 경험해야 하는 내용의 기준으로 학생의 수준에 맞게 재구성할 수 있습니다.

# III. 거꾸로 디자인하는 기본교육과정 수학과 자료 영역

## 1. 자료 영역 선정 이유

　인간은 누구나 스스로 선택하고 결정하고자 하는 욕구가 있으며 이러한 욕구를 통해서 삶의 동기가 부여되지만 장애 학생을 가르치는 교사나 부모는 장애 학생이 효과적인 의사결정을 할 수 없으며, 그들의 의사결정은 본인이나 타인에게 신체적, 정서적 해를 끼칠 수 있다고 생각하고 그들을 보호하는 차원에서 대신 의사결정을 해 주어야 한다고 간주하기도 하였습니다. 최근에는 장애 학생이 자신의 삶을 스스로 선택할 수 있는 독립적인 인간으로 기능할 수 있는 의사결정기술인 자기결정력을 강조하고 있는데, 이는 생활 주변의 현상이나 자료를 수집하고 정리하여 분석하는 과정을 통해 자신의 결과에 대해 논리성을 부여하고 타인에게 본인의 선택에 대해 정당하게 주장할 수 있게 됩니다.

　사람들은 몇 가지 중에 좋은 것이나 피해야 할 것 등 다양한 의사 결정을 내려야 하는 상황이 닥쳤을 때, 그 중 가장 적합한 결과를 가져오게 될 것이라고 믿는 것을 선택합니다. 또는 어떤 현상에 대해 설명할 때에 자신의 논리를 뒷받침할 수 있는 합리적이고 정당한 근거 자료를 활용하면 효과적으로 전달하고 설득시킬 수 있습니다. 논리를 뒷받침하기 위해서 수학적 사실이 필요할 때는 주변에 있는 수많은 정보 중에서 자신에게 필요한 자료를 선택하여 설득하고자 하는 목적에 따라 기준을 선정하고 분류하여 정리하게 되는데 이 때 사용하게 되는 것이 표와 그래프입니다. 이렇게 정리된 자료를 활용하여 다른 사람을 설득하는 것뿐만 아니라 주어진 자료를 해석하여 결과를 예측함으로써 실생활의 문제를 해결할 수 있습니다.

경험과 밀접하게 관련 있고 생활 주변의 구체적인 자료를 수집하고 분류하여 표와 그래프로 나타내며 자료를 해석하고 활용하는 과정을 단계별로 분석한 자료영역의 학습활동에는 수 이전 개념 학습의 변별하기, 수와 연산, 측정, 규칙성 등 다른 영역을 관련짓거나 포함시켜 통합할 수도 있고 이 과정에서 다른 영역의 학습 활동 또한 상황과 맥락을 고려하여 지도할 수 있게 됩니다.

## 2. 자료 영역의 기대하는 학습 결과의 확인

### 1) 영속적 이해

백워드 설계 모형의 첫 번째 단계에서는 영속적 이해를 찾아야 합니다. 영속적이라는 말의 의미는 시간이 지나도 그 가치가 그대로 있는 것입니다. 따라서 학문의 중심부에서 기본적이고 중요한 아이디어, 개념, 혹은 원리를 가리키며 불변하는 지식을 이야기합니다. 그러나 이해라는 말은 한마디로 정의내리기 어렵습니다. 이해한다는 말은 관찰할 수 있고 객관적인 준거로 정의되는 명세적 행동 용어가 아니라 추상적인 용어이고 평가자가 어느 정도 이해했다는 것인지 계량적 척도로 측정할 수 없습니다. Wiggins와 McTighe는 지식을 습득하고 적용할 수 있는 것을 이해했다는 것으로 규정하고 있고 학생이 영속하는 이해를 갖게 되었다면, 즉 핵심 아이디어, 개념 혹은 원리를 습득하고 어떻게 적용할 수 있게 될 것인지를 결정해야 하는데 이러한 이해가 다음과 같은 6가지 측면으로 드러난다고 말합니다.

### 2) 이해의 6가지 측면

학생이 어떤 내용을 이해했다면 설명, 해석, 적용, 관점, 공감, 자기지식을 가질 수 있고 이것을 직접 보여줄 수 있으며 평가자인 교사는 그 교과 내용을 이해한 것으로 판단을 내릴 수 있습니다.

완전한 이해를 파악하기 위해서는 가능한 여섯 가지 척도가 모두 필요하겠지만, 하나의 과제가 모든 이해의 측면을 통합하여 드러낼 수 없을 수도. 있습니다. 그럴 때는 다른 수행 과제를 추가로 제시하기도 하며 하나의 과제는 적어도 하나 이상 이해의 측면을 포함해야 합니다.

| 측면 | 정의 |
|---|---|
| 설명 | · 일반화 과정이나 원리를 사용하여 현상, 사실, 자료의 통찰력 있는 관계를 설명하거나 정의하기<br>· 적절한 예나 일화를 찾기 |
| 해석 | · 의미 있는 이야기를 하거나 적절한 해석하기<br>· 주제에 대해 역사적이거나 개인적인 관점을 형성하기<br>· 대상을 이해하기 위해 개인적인 이미지, 모델, 분석, 일화 사용 |
| 적용 | · 자신이 알고 있는 것을 복잡한 실제 맥락에서 효과적으로 사용하거나 적용하여 알고 있는 것을 '할 수 있다'로 보여주기 |
| 관점 | · 비판적인 관점을 갖고 보거나 듣기, 큰 그림 보기 |
| 공감 | · 다른 사람이 이상하게 느끼거나 이질적으로 혹은 적절하지 않다고 느끼는 것에서 가치 발견하기<br>· 이전의 경험에 기초하여 민감하게 반응하기 |
| 자기 지식 | · 초인지적 지각을 보이기<br>· 개인의 이해를 형성하거나 촉진하기 위해 자신만의 방식, 계획, 습관을 사용하기<br>· 학습 경험에 대한 반성을 통해 자신이 아직 알지 못한 부분 자각하기 |

〈이해의 여섯 가지 측면〉[7]

---

7) Carol Ann Tomlinson & Jau McTighe, 김경자·온정덕·장수빈 공역, 맞춤형 수업과 이해중심 교육과정의 통합(서울:학지사) p.117

## 3) 교육과정 문서 검토

앞에서 이야기한 것처럼 이 연구는 고시된 국가의 교육과정 문서를 기초로 하여 진행되었기 때문에 기본교육과정 수학과 자료 영역에서의 영속적 이해를 확인하기 위하여 2015 기본교육과정의 수학과 교육과정 문서를 검토하였습니다. 이중에서 교과의 목표, 초중고 학교 급별 목표 중 자료 영역과 관련한 목표를 살펴보았고 하위 내용 요소와 성취 기준을 차례로 검토하였습니다. 수학교과의 목표를 살펴보면 수학과를 통해 얻어야 하는 이해의 측면은 첫째, 생활 주변의 사물과 현상을 수학적으로 탐구하고 둘째, 실생활의 문제를 합리적으로 해결하는 것입니다.

---

생활 주변의 사물과 현상을 수학적으로 탐구하며 수학의 기본 개념을 이해하고, 수학적으로 조작하고 의사소통하는 활동을 통하여 실생활의 문제를 합리적이고 창의적으로 해결하며, 수학에 대한 바람직한 학습 태도를 기른다.

(1) **생활 주변의 사물과 현상을 수학적으로 탐구하고 표현**하는 경험을 통하여 수학의 기본적인 개념을 이해하는 능력을 기른다.
(2) 수학적으로 조작하고 의사소통하며, **정보를 처리하고 문제를 해결**하는 활동을 통하여 **실생활의 문제를 합리적이고 창의적으로 해결하는 능력**을 기른다.
(3) 수학 학습에서의 흥미롭고 성공적인 경험을 통하여 수학에 대한 바람직한 학습 태도를 기른다.

---

〈기본교육과정 수학과의 교과교육 목표〉

다음으로 학교급별 목표와 학년군별 내용 요소 및 성취기준에서 확인한 기대하는 학습의 결과로 얻어질 기능은 자료 분류, 기준 찾기, 표와 그래프로 나타내기, 의미 해석하기 등으로 볼 수 있습니다.

| | |
|---|---|
| 초 | **자료**를 여러 가지로 **분류**하여 보고, 분류된 자료를 간단한 **표**로 나타낸다. |
| 중 | 자료를 **간단한 그래프**와 **막대그래프**로 나타내고 **의미를 해석**하며, 놀이 속에서 일이 일어날 가능성을 경험한다. |
| 고 | 연속적인 변량에 대한 자료를 **꺾은선그래프**로 나타내고, 실생활에서 볼 수 있는 여러 가지 그래프의 **의미를 해석**하며, 생활 속에서 일이 일어날 가능성을 경험한다. |

〈기본교육과정 수학과의 학교급별 목표 중 자료 영역 관련〉

| 초1~2 | 분류 경험하기 | -일상생활에서 여러 가지 **분류를 경험**한다. |
|---|---|---|
| 초3~4 | 한 가지 기준으로 분류하기 | -분류된 자료를 보고 **기준을 찾는다.**<br>-한 가지 **기준에 따라** 여러 가지 자료를 **두개의 모임으로 분류한다.** |
| 초5~6 | 여러 가지로 분류하기 표 만들기 | -수집된 자료를 **두 개 이상의 모임으로 분류한다.**<br>-여러 가지 기준에 따라 자료를 **순차적으로 분류한다.**<br>-여러 가지 기준으로 분류한 것을 **표로 나타낸다.** |

〈기본교육과정 수학과의 학년군별(초) 내용 요소와 성취 기준〉

| | | |
|---|---|---|
| 중 | 간단한 그래프<br>막대그래프 | -사진, 그림 등을 이용하여 그래프로 나타낸다.<br>-기호를 이용하여 그래프로 나타낸다.<br>-막대그래프 그리는 방법을 익히고 **막대그래프를 나타낸다.**<br>-막대그래프에서 자료의 특성을 찾아보고 **해석한다.** |
| 고 | 꺾은 선 그래프<br>여러 가지<br>그래프 | -꺾은 선 그래프 그리는 방법을 익히고 **꺾은선 그래프로 나타낸다.**<br>-꺾은선 그래프에서 기호의 특성을 찾고 **해석한다.**<br>-막대그래프와 꺾은선 **그래프의 차이를 비교한다.**<br>-**실생활과 관련된 여러 가지 그래프를 찾고 해석한다.** |

〈기본교육과정 수학과의 학년군별(중고) 내용 요소와 성취 기준〉

## 4) 자료 영역의 목표, 영속적 이해, 핵심 질문 추출

이러한 과정을 통해 자료 영역에서 얻어야 할 영속적 이해와 핵심질문을 다음 표와 같이 도출하였습니다.

| 목표 | 일상생활의 문제 해결을 위해 표와 그래프를 활용한다. |
|---|---|
| 영속적 이해 | 일상생활의 문제를 합리적, 논리적으로 해결하기 위해 자료를 수집하여 기준을 정하고, 정해진 기준에 따라 여러 가지 자료를 분석·해석·예측한다. |
| 핵심 질문 | 사람들은 문제를 해결하기 위해 어떻게 자료를 활용하는가? |

## 3. 자료 영역의 평가 기준 설정

교육과정을 개발할 때 성취기준에 따른 평가 기준을 함께 개발합니다. 성취기준은 학생들이 교과를 통해 배워야 할 내용과 이를 통해 수업 후에 할 수 있거나 할 수 있기를 기대하는 능력을 결합하여 나타낸 수업 활동의 기준으로 평가 기준은 학생이 이러한 성취기준에 대해 어느 수준에 도달했는지 판단하기 위한 실질적인 기준 역할로 그 도달한 정도를 상, 중, 하로 나누어 무엇을 알고 있고 할수 있는 지를 진술합니다(교육부, 2015). 그러나 특수교육에서는 어떤 이유에서인지 평가 기준을 제시하지 않고 있습니다. 교육이 실행되는 과정은 목표를 세우고, 이를 어떻게 실현할지 내용과 방법을 결정하여 실천해보고 반성하면서, 실행의 성과 여부에 따라 다음은 어떻게 실행할지 계획을 세우는 등의 과정을 반복하게 됩니다. 이러한 것들이 제대로 이루어지고 있는지 판단할 수 있는 것이 평가기준이며 교사와 학생에게 피드백을 제공하기 때문에 이를 설정하는 것은 매우 중요한 일입니다.

특히 기본 교육과정의 경우 '성취기준'은 반드시 달성해야 할 목표가 아니라 학생들이 경험해야 하는 것임을 고려하여 학생의 수준에 맞게 해당 교과 교육과정을 재구성할 수 있습니다. 이렇게 다양한 수준으로 재해석 및 재구성할 수 있는 성취기준을 매우 넓은 학습 수준의 스펙트럼을 보이는 특수교육대상학생이 어느 수준에 도달하는 것을 목표로 할 것인지 제시해줄 수 있는 기준이 필요하다고 생각하였습니다.

따라서 본 연구에서는 공통교육과정과 기본교육과정의 자료 영역에서 같은 수준에 해당하는 성취기준을 찾아 평가 기준을 참고하여 기본교육과정의 평가 기준을 설정하였습니다. 기본교육과정의 대상학생은 학습 수준의 스펙트럼이 매우 넓고 공통교육과정을 재구성 및 수정하여도 적용이 어려운 학생이기 때문에 초등교육과정의 평가 기준의 상, 중, 하 수준에 비해 낮은 수준으로 설정하였습니다.

| 기본교육과정(2015) | | 공통교육과정 | |
|---|---|---|---|
| 초5,6학년군 | | 초1,2학년군 | |
| 교육과정 성취기준 | | 교육과정 성취기준 | |
| [6수학05-03] 여러 가지 기준으로 분류한 것을 표로 나타낸다. | | [2수05-02] 분류한 자료를 표로 나타내고, 표로 나타내면 편리한 점을 말할 수 있다. | |
| 평가기준 | | 평가기준 | |
| 상 | 분류한 자료를 표로 나타내고 표에서 여러 가지 사실을 찾아 설명할 수 있다. | 상 | 분류한 자료를 표로 나타내고, 표를 보고 알게 된 사실과 표로 나타내면 편리한 점을 말할 수 있다. |
| 중 | 분류한 자료를 제시된 표에 정리할 수 있다. | 중 | 분류한 자료를 표로 나타내고, 표를 보고 알게 된 사실을 말할 수 있다. |
| 하 | 분류한 자료를 표모양판에 표시할 수 있다. | 하 | 분류한 자료를 표로 나타낼 수 있다. |

〈공통교육과정과 기본교육과정의 같은 성취기준에 대한 평가 기준 비교〉

## 1) 초등학교 1~2학년군: 분류 경험하기

| 교육과정 성취기준 | | 평가기준 |
|---|---|---|
| [2수학05-01] 일상생활에서 여러 가지 분류를 경험한다. | 상 | 생활 주변의 사물을 분류하는 활동을 통해 분류하기의 필요성을 알고 분류 및 정리 활동을 한다. |
| | 중 | 생활 주변의 사물을 이미 분류되어 있는 사물의 모임 속에 포함한다. |
| | 하 | 생활 주변의 사물을 분류하는 활동을 통해 분류하기의 필요성을 알고 분류 및 정리 활동을 모방한다. |

## 2) 초등학교 3~4학년: 한 가지 기준으로 분류하기

| 교육과정 성취기준 | | 평가기준 |
|---|---|---|
| [4수학05-01]분류된 자료를 보고 기준을 찾는다. | 상 | 추상적(쓰임 등) 및 표면적(색, 크기, 모양, 수)특성에 따라 분류된 두 개의 모임을 보고 공통된 속성을 파악하여 기준을 찾을 수 있다. |
| | 중 | 표면적(색, 크기, 모양, 수)특성에 따라 분류된 두 개의 모임을 보고 공통된 속성을 파악하여 기준을 찾을 수 있다. |
| | 하 | 표면적(색, 크기, 모양, 수)특성에 따라 분류된 두 개의 모임을 보고 제시된 기준 중 적절한 기준을 선택할 수 있다. |
| [4수학05-02]한 가지 기준에 따라 여러 가지 자료를 두 개의 모임으로 분류한다. | 상 | 한 가지 기준에 따라 수집된 자료를 두 개의 모임으로 분류하고 분류기준을 설명할 수 있다. |
| | 중 | 정해진 기준에 따라 수집된 자료를 두 개의 모임으로 분류할 수 있다. |
| | 하 | 분류의 기준이 되는 자료의 예를 보고 수집된 자료를 두 개의 모임으로 분류할 수 있다. |

### 3) 초등학교 5~6학년: 여러 가지로 분류하기

| 교육과정 성취기준 | | 평가기준 |
|---|---|---|
| [6수학05-01] 수 집된 자료를 두 개 이상의 모임으로 분류한다. | 상 | 자신이 정한 기준에 따라 수집된 자료를 두 개 이상의 모임으로 분류하고 분류기준을 설명할 수 있다. |
| | 중 | 정해진 기준에 따라 수집된 자료를 두 개 이상의 모임으로 분류할 수 있다. |
| | 하 | 분류의 기준이 되는 자료의 예를 보고 수집된 자료를 두 개 이상의 모임으로 분류할 수 있다. |
| [6수학05-02] 여러 가지 기준에 따라 자료를 순차적으로 분류한다. | 상 | 자료를 두 가지 이상의 기준에 따라 순차적으로 분류하여 셀 수 있다. |
| | 중 | 자료를 정해진 두 가지 이상의 기준으로 안내된 절차에 따라 순차적으로 분류할 수 있다. |
| | 하 | 분류의 기준이 되는 자료의 예를 보고 두 가지의 기준에 따라 순차적으로 분류할 수 있다. |

### 4) 초등학교 5~6학년: 표 만들기

| 교육과정 성취기준 | | 평가기준 |
|---|---|---|
| [6수학05-03] 여러 가지 기준으로 분류한 것을 표로 나타낸다. | 상 | 분류한 자료를 표로 나타내고 표에서 여러 가지 사실을 찾아 설명할 수 있다. |
| | 중 | 분류한 자료를 제시된 표에 정리할 수 있다. |
| | 하 | 분류한 자료를 표모양판에 표시할 수 있다. |

## 5) 중학교 1~3학년: 간단한 그래프

| 교육과정 성취기준 | | 평가기준 |
|---|---|---|
| [9수학05-01] 사진, 그림 등을 이용하여 그래프로 나타낸다. | 상 | 분류한 자료를 사진과 그림을 이용하여 그래프로 나타내고 양의 크기를 비교하며 간단한 그래프의 편리한 점을 말할 수 있다. |
| | 중 | 분류한 자료를 사진과 그림을 이용하여 그래프로 나타낼 수 있다. |
| | 하 | 표 모양판으로 만든 자료를 보고 사진, 그림 등을 이용하여 그래프판에 표시할 수 있다. |
| [9수학05-02] 기호(○, ×, /)를 이용하여 그래프로 나타낸다. | 상 | 분류한 자료를 기호(○, ×, /)를 이용하여 그래프로 나타내고 양의 크기를 비교하며 간단한 그래프의 편리한 점을 말할 수 있다. |
| | 중 | 분류한 자료를 기호(○, ×, /)를 이용하여 그래프로 나타낼 수 있다. |
| | 하 | 표모양판으로 만든 자료를 보고 기호(○, ×, /)를 이용하여 그래프판에 표시할 수 있다. |

## 6) 중학교 1~3학년: 막대그래프

| 교육과정 성취기준 | | 평가기준 |
|---|---|---|
| [9수학05-03] 막대그래프 그리는 방법을 익히고, 막대그래프로 나타낸다. | 상 | 자료를 수집하여 막대그래프로 나타낼 수 있다. |
| | 중 | 안내된 절차에 따라 자료를 막대그래프로 나타낼 수 있다. |
| | 하 | 여러 가지 그래프 중에서 막대그래프를 찾을 수 있다. |
| [9수학05-04] 막대그래프에서 자료의 특성을 찾아보고 해석한다. | 상 | 막대그래프를 보고 조사한 목적과 내용을 파악하여 설명할 수 있다. |
| | 중 | 표현하는 항목이 나타내는 양의 크기를 비교할 수 있다. |
| | 하 | 막대그래프에서 막대의 크기를 직접비교할 수 있다. |

## 7) 고등학교 1~3학년: 꺾은선 그래프

| 교육과정 성취기준 | | 평가기준 |
|---|---|---|
| [12수학05-01]<br>꺾은선그래프 그리<br>는 방법을 익히고,<br>꺾은선그래프로 나<br>타낸다. | 상 | 연속적인 변량에 대한 자료를 꺾은선그래프로 나타낼 수 있다. |
| | 중 | 안내된 절차에 따라 연속적인 변량에 대한 자료를 꺾은선그래프로 나타낼 수 있다. |
| | 하 | 여러 가지 그래프 중에서 꺾은선그래프를 찾을 수 있다. |
| [12수학05-02]<br>꺾은선그래프에서<br>자료의 특성을 찾<br>고 해석한다. | 상 | 꺾은선그래프를 보고 조사한 목적과 내용을 파악하여 설명할 수 있다. |
| | 중 | 꺾은선그래프에서 자료의 변화를 파악하며 각 점이 나타내는 양을 읽을 수 있다. |
| | 하 | 꺾은선그래프에서 자료의 변화를 표현한다. |
| [12수학05-03]<br>막대그래프와 꺾은<br>선그래프의 차이를<br>비교한다. | 상 | 자료의 주제를 파악하여 목적에 맞는 그래프를 선택할 수 있다. |
| | 중 | 교사의 안내된 절차에 따라 목적에 맞는 그래프를 선택할 수 있다. |
| | 하 | 막대그래프와 꺾은선그래프를 구별할 수 있다. |

## 8) 고등학교 1~3학년: 여러 가지 그래프

| 교육과정 성취기준 | | 평가기준 |
|---|---|---|
| [12수학05-04]<br>실생활과 관련된<br>여러 가지 그래프<br>를 찾고 해석한다. | 상 | 문제해결을 위하여 적합한 그래프를 찾고, 그래프에서 여러 가지 사실을 찾아 설명할 수 있다. |
| | 중 | 교사가 제시한 여러 가지 그래프 중에서 문제해결에 필요한 그래프를 선택하여 한두 가지 사실을 찾을 수 있다. |
| | 하 | 목적에 맞는 그래프를 보고 정보를 찾을 수 있다. |

## 4. 백워드 설계 모형을 적용한 자료 영역 단원 개발

### 1) 기대하는 학습 결과의 확인

#### ① 교육과정 문서상의 성취 기준 확인

| 기본교육과정(2015) | 공통교육과정 |
|---|---|
| 자료와 가능성 | 자료와 가능성 |
| 자료 | 자료 처리 |
| **중1~3학년** | **초1~2학년** |
| • 간단한 그래프<br>• 막대그래프<br>• 사진, 그림 등을 이용하여 그래프로 나타낸다.<br>• 기호(○, ×, /)를 이용하여 그래프로 나타낸다.<br>• 막대그래프 그리는 방법을 익히고, 막대그래프로 나타낸다.<br>• 막대그래프에서 자료의 특성을 찾아보고 해석한다. | • ○, ×, /를 이용한 그래프<br>• 막대그래프<br>• 분류한 자료를 ○, ×, / 등을 이용하여 그래프로 나타내고, 그래프로 나타내면 편리한 점을 말할 수 있다.<br>• 실생활 자료를 수집하여 간단한 그림그래프나 막대그래프로 나타낼 수 있다. |
| • 표 만들기<br>• 그래프 그리기<br>• 해석하기<br>• 비교하기 | • 그래프 그리기<br>• 정리하기<br>• 해석하기<br>• 비교하기 |

## ② 교육과정 내용 요소 및 성취 기준 검토

| | |
|---|---|
| 간단한<br>그래프 | 간단한 그래프에서는 분류 활동을 바탕으로 **여러 가지 통계 자료를 실제로 조사**하게 한다. 실생활과 관련된 소재를 사용하고, **구체적인 자료의 크기를 조사하여 표로** 나타내게 한다. 이때 사진, 그림, 기호(○, ×, /) 등으로 나타내거나 직사각형 마디에 색칠을 하여 그래프로 나타낸다. **간단하게 나타낸 그래프**를_보면서 자료의 **크기를 비교**한다. 자료를 그래프로 나타내는 것이 **알아보기 쉽고, 비교할 때 편리하다**는 것을 알게 한다. |
| 막대그래프 | 막대그래프에서는 여러 가지 **자료를 막대그래프로 나타내고 해석**하는 활동을 한다. 실생활에서 친근감 있는 소재를 선정하여 **실제 자료를 수집하고 분류**한 후, **막대그래프로 나타내고 해석**하게 한다. 막대그래프는 **양의 크기를 비교할 때 편리하다**는 것을 알게 한다. |

단원 수준의 개발을 위해서는 성취기준에서 학생들이 배워야 할 학습 내용을 핵심어로 제시한 학습요소와 성취기준 해설을 살펴보아 해당 단원의 학습을 통해 얻게 될 사실, 개념적 지식, 기능을 찾았습니다. 그리고 이런 사실과 지식, 기능은 어떻게 단원 내에서 학습하게 될 것인지 학습의 흐름을 다음과 같이 정리하였습니다.

| 간단한 그래프 | 막대그래프 | 그래프 해석 |
|---|---|---|
| ▶ 그래프 만들기<br> - 자료를 수집하여<br>  사진, 그림을 활<br>  용한 간단한 그<br>  래프로 나타내기<br> - 자료를 수집하여<br>  기호를 활용한<br>  간단한 그래프로<br>  나타내기 | ▶ 막대그래프 알기<br> - 자료의 크기를<br>  직사각형 마디에<br>  색칠하여 그래프<br>  로 나타내기<br> - 막대그래프로 나<br>  타내야 하는 경<br>  우 알기<br>▶ 막대그래프 그리<br>  는 방법 알기 | ▶ 그래프를 보고 이<br>  야기하기<br>▶ 막대그래프 해석<br>  하기<br> - 양의 크기 비교<br>  하기<br>▶ 그래프를 해석하<br>  여 의사결정하기 |

### ③ 기대하는 학습결과 템플릿

본 연구에서 Tomlinson & McTighe(2006)가 개발한 템플릿을 적용하였습니다. 이해의 6가지 측면을 고려한 일반화에 대해 진술할 때는 McTighe와 Wiggins가 학생이 어떻게 표현할 수 있을지 제시한 수행 동사를 참고하였습니다.

---

• 자료를 정리하고 이를 쉽게 **비교**하고 알아보기 위해서 표와 그래프로
                              (관점 갖기)

**나타낸다.**
(설명)
• 다양한 상황에서 합리적인 **선택**을 하거나 자신의 의견을 **주장**하기
                    (적용)                    (공감)(관점 갖기)
위해 정당한 **근거를 마련**하기 위해서는 자료를 이용한다.
        (자기지식)
• 목적에 맞게 자료를 **수집**하고 표와 그래프로 나타내어 의미를
                (적용)

**해석**한다.
(해석)

---

| 단원의 목표 |
| --- |
| • 사진, 그림 등을 이용하여 그래프로 나타낸다. |
| • 기호(○, ×, /)를 이용하여 그래프로 나타낸다. |
| • 막대그래프 그리는 방법을 익히고, 막대그래프로 나타낸다. |
| • 막대그래프에서 자료의 특성을 찾아보고 해석한다. |

| 일반화 | 핵심질문 |
| --- | --- |
| • 자료를 정리하고 이를 쉽게 비교하고 알아보기 위해서 표와 그래프로 나타낸다.<br>• 다양한 상황에서 합리적인 선택을 하거나 자신의 의견을 주장하기 위해 정당한 근거를 마련하기 위해서는 자료를 이용한다.<br>• 목적에 맞게 자료를 수집하고 표와 그래프로 나타내어 의미를 해석한다. | • 표와 그래프는 왜 필요할까?<br>• 자료를 표와 그래프로 나타내는 기준은 무엇일까?<br>• 문제를 해결하거나 결정하기 위해 그래프를 어떻게 활용할까? |

| 사실과 개념적 지식 | 기능 | |
| --- | --- | --- |
| 표, 기호, 그래프, 줄, 칸, 조사, 수집, 분석, 해석, 막대그래프, 양, 크기, 비교 | • 자료 수집하기<br>• 정리하기<br>• 표 만들기 | • 그래프 그리기<br>• 해석하기<br>• 비교하기 |

## 2) 다양한 이해의 증거 결정: 평가 과제 개발

지식의 완전 습득과 적용을 강조하는 백워드 설계모형에서는 다양한 평가 방법 중에서 수행평가를 중요하게 생각하고 있습니다. 평가를 실시하는 이유가 단편적 지식을 알고 있는지 확인하는 것이 아니기 때문입니다. 이해는 다양한 맥락에서 핵심 아이디어, 지식, 기능이 전이될 때 가능하고 진정한 이해는 학습자가 맞닥뜨린 문제가 되는 맥락에서 지식과 기능 등을 활용하여 학생들이 지혜롭게 수행하는 것과 관련이 있기 때문에 이와 같은 요소가 포함되어 있는 수행과제 형태로 개발하는 것을 권장합니다.

Wiggins와 McTighe(1998; 2005)는 수행과제에 포함되어야 할 요소들 머리글자를 따서 GRASPS 모델이라고 하였는데 수행과제는 학습자들이 실생활에 적용할 수 있는 상황(Situation)에서 어떤 목표(Goal)를 가지고 구체적인 대상 혹은 관중(Audience)을 고려하면서 특정 역할(Role)을 맡아서 기준(Standard)에 따라 결과물(Product)을 만들어 내는 형식으로 개발됩니다.8)

6가지 요소 모두 반드시 포함되어야 하는 것은 아니지만 특히 학습에 어려움을 겪는 학생일수록 가능한 한 실제적이고 구조화되며 친숙한 맥락일수록 자신이 이해한 것을 적용해보기 용이하기 때문에 가능하다면 구체적인 상황을 제시하는 것이 좋습니다. 또한 이 평가의 틀이 아니더라도 기회가 한번만 주어지는 1회성 시험이 아니라 일정한 기간에 걸쳐 변화를 알 수 있는 사진앨범처럼 지속적이며 다양한 평가의 방법을 통해 다각도로 학생의 이해를 확인할 수 있는 것이 중요하며 이러한 평가 방법이 객관적이고 보다 정확하게 평가할 수 있도록 루브릭의 개발도 뒷받침되어야 합니다.

여기서 주의해야 할 점은 평가가 학습활동을 이해한다는 것이 평가되는 것만 가르친다는 것으로 이해해서는 안 된다는 것입니다. 시험에 나오는 것만 가르친다는 것이 아니라 이해의 증거, 먼저 생각한 다음에 수업활동을 그 증거를 중심으로 조직한다는 것입니다.

---

8) Wiggins & McTighe, 1999; 2005; 김경자 · 온정덕, 이해중심교육과정(서울: 교육아카데미). p. 112.

그렇기 때문에 평가 방법이 사실적 지식을 아는지 모르는지만을 단순히 기억하고 외워서 대답할 수 있는 것을 점검하면 안 되고 학습 내용을 적용할 수 있는 방식으로 구성이 되어야 합니다.

### ① 다양한 이해의 증거 결정: GRASPS 모델 적용

| 수행과제 |
|---|
| ▶ 학교에서 발생하는 안전사고 사례 분석하기 |

| | |
|---|---|
| 목표(G) | 학교 안전사고와 그 문제점에 대해 미리 알고 예방한다. |
| 역할(R) | 학교의 안전 책임자 |
| 대상(A) | 학교의 선생님과 학생들 |
| 상황(S) | 학교에서는 많은 인원의 학생들이 함께 생활하고 여러 가지 수업 활동을 위하여 마련된 물건이나 장소에서 장난을 치거나 부주의하면 안전사고가 일어날 수 있다. 그러나 스스로가 일상생활에서 발생할 수 있는 여러 가지 위험을 미리 깨닫고 조심한다면 안전사고를 줄일 수 있다. 따라서 이에 따른 예방대책을 마련하기 위하여 학교에서 일어날 수 있는 안전사고에 대한 보고 자료를 만들어야 한다. |
| 수행(P) | 학교에서 일어나는 안전사고 사례에 대해 조사하고 안전사고가 발생되는 원인, 시간, 장소, 부상 부위별로 정리하여 보고한다. |
| 기준(S) | 이 보고 자료에는 다음과 같은 내용이 포함되어야 한다.<br>-안전사고 사례 자료 수집<br>-안전사고의 종류 기준(원인, 시간, 장소, 부상 부위)<br>-안전사고의 사례를 기준에 따라 횟수를 기록한 표<br>-안전사고 발생 그래프(기호를 사용한 간단한 그래프, 막대그래프)<br>-그래프에 나타난 양의 크기 비교 |

## ② 다양한 이해의 증거 결정: 평가 루브릭

수행 과제는 한가지의 정답을 가지는 것이 아니기 때문에 답을 풀어가는 과정을 타당하고 신뢰할만한 증거에 기초하여 평가해야 합니다. 수행 과제의 타당도와 신뢰도를 확보하기 위해 수행 과제 루브릭을 개발하였습니다.

| 척도 \ 항목 | 자료 조사하기 | 표 그리기 | 간단한 그래프 | 막대그래프 | 그래프의 해석 |
|---|---|---|---|---|---|
| 4 | 자료를 조사하는 방법을 계획하여 수집한다. | 분류한 자료를 표로 나타내고 설명할 수 있다. | 자료를 분류한 표를 간단한 그래프로 나타내고 그래프로 나타내면 편리한 점을 말한다. | 자료를 분류한 표를 막대그래프로 나타낼 수 있다. | 그래프를 해석하여 통계적 사실을 확인할 수 있다. |
| 3 | 자료를 조사하는 방법을 스스로 계획하지는 못하지만 절차를 안내하여 주면 수집한다. | 수집한 자료를 여러 가지 기준에 따라 분류하여 그 결과를 표에 기록할 수 있다. | 자료를 분류한 표를 사진, 그림, 기호를 사용하여 그래프로 나타낼 수 있다. | 안내된 절차에 따라 자료를 막대그래프로 나타낼 수 있다. | 그래프에 표현한 항목이 나타내는 양(막대)의 크기를 비교할 수 있다. |
| 2 | 절차를 안내하여 주고 여러 가지 단서를 함께 제공하여 주면 수집한다. | 수집한 자료를 여러 가지 기준에 따라 분류하여 그 결과를 제시된 표에 다양한 방법(예: 수, ○, / 등)으로 기록할 수 있지만, 도움을 필요로 한다. | 자료를 표현하는 사진, 그림을 그래프의 가로축, 세로축에서 그에 해당하는 기준을 찾아 한 줄로 나열할 수 있다. | 조사한 자료에 해당하는 막대그래프를 찾을 수 있다. | 그래프에 표현한 항목이 나타내는 양(막대)의 크기를 직접 비교할 수 있다. |

| 항목 척도 | 자료 조사하기 | 표 그리기 | 간단한 그래프 | 막대그래프 | 그래프의 해석 |
|---|---|---|---|---|---|
| 1 | 자료를 조사하는 절차 안내와 도움이 있어도 수집하지 못한다. | 수집한 자료의 결과를 표로 나타내지 못한다. | 자료를 표현하는 사진, 그림을 그래프의 가로축, 세로축의 기준과 연결하지 못한다. | 조사한 자료와 막대그래프의 관련성을 찾지 못한다. | 그래프에서 제시하고 있는 결과를 읽지 못하거나 읽더라도 오류를 나타낸다. |

### ③ 다양한 이해의 증거 결정: 그 밖의 증거

그리고 수행과제 이외에도 알고 있는 지식이나 학생이 보여야 하는 학습 태도나 습관 등에 대해서도 다양한 방법으로 평가하여 수행만으로는 평가할 수 없는 부분을 보완하게 됩니다.

| 영역 | 평가 내용 | 방법 |
|---|---|---|
| 지식 | 그래프로 나타내면 편리한 점을 알고 있는가? | 질문 |
| | 표와 그래프의 특징과 차이점을 알고 있는가? | 관찰 |
| 가치 및 태도 | 의사결정과정에서 표와 그래프를 근거로 하여 합리적인 사고를 할 수 있는가? | 관찰 면담 보고 |
| | 수학적 아이디어를 그래프로 표현하여 다른 사람과 효율적으로 의사소통할 수 있는가? | |
| | 자료를 수집하여 표와 그래프로 나타내는 활동을 통하여 수학의 유용성을 알고 흥미를 갖고 있는가? | |

## 3) 학습 활동 개발 및 계열화: 단원 내에서 흐름을 유지하며 체계적 제시

　1, 2 단계를 거치며 교사는 단원에서 중요한 교육내용의 목표를 설정하고 이를 달성했는지 확인할 수 있는 평가 과제를 결정하였습니다. 이제 교사는 학생들의 흥미를 이끌어내면서도 오랫동안 기억하고 실생활에 활용할 수 있도록 학습 경험을 선정하고 계열화해야 합니다. 선정할 학습 경험은 다음 표에서 제시되는 7가지 요소를 고려하여 전체 단원의 전개 흐름을 정리합니다.

| 요소 | 설명 |
|---|---|
| W<br>(Where, Why) | 학생들이 단원의 궁극적인 목표와 방향이 무엇인지, 왜 그것을 배우는지 알 수 있도록 안내 |
| H<br>(Hook) | 관심을 집중 |
| E<br>(Equip, Enable) | 과제 수행에 필요한 지식과 경험, 도구, 노하우들을 갖추기 |
| R<br>(Rethink, Reflect, Revise) | 핵심 아이디어들을 다시 생각해보고 반성하고 재점검 |
| E<br>(Evaluate) | 스스로의 진보를 평가할 수 있는 기회 제공 |
| T<br>(Tailored) | 학생 개개인의 강점, 재능, 흥미에 적합한 방식을 다양화 |
| O<br>(Organize) | 깊이 있는 이해를 최적화 할 수 있도록 조직 |

〈학습활동의 선정 및 계열화〉[9]

---

9) Wiggins & McTighe, 1999; 2005; 김경자 · 온정덕, 이해중심교육과정(서울: 교육아카데미). p. 124-125 내용을 표로 정리.

| 학습 경험 계획 | W | H | E1 | R | E2 | T | O |
|---|---|---|---|---|---|---|---|
| 1. 어린이 안전사고 사례와 관련된 기사, 뉴스를 찾고 해당하는 기사에 나오는 표와 그래프 자료 찾기 | | ○ | | | | | |
| 2. 핵심질문과 수행과제를 제시하고 설명하기 | ○ | | | | | | |
| 3. 다양한 사례의 표와 그래프에 대해 알아보고 표와 그래프의 개념, 특징에 대해 이야기하기 | | | ○ | ○ | | | |
| 4. 표를 사진, 그림, 기호를 이용한 간단한 그래프로 나타내고 간단한 그래프를 막대그래프로 나타내는 과정을 과제 분석하여 단계별로 연습하기 | | | | | | | |
| – 우리반 학생들이 좋아하는 학교 장소를 조사하기 | ○ | ○ | | | | ○ | |
| – 수집한 결과를 표로 나타낸 후에 해당 장소를 잘 표현할 수 있는 사진이나 그림을 기준으로 제시하고 해당 장소를 좋아하는 우리반 학생 사진, 그림을 한 줄로 나열하기 | | | ○ | ○ | ○ | | ○ |
| – 사진이나 그림을 기호로 바꾸어 표시하기 | | | | ○ | ○ | | ○ |
| – 기호로 나타낸 그래프를 똑같은 크기의 □로 바꾸어 표시하기 | | | | ○ | ○ | | ○ |
| – 표를 보고 직사각형 마디에 색칠하기 | | | | ○ | ○ | | ○ |
| – 표를 보고 막대그래프로 나타내기 | | | | ○ | ○ | | ○ |
| * 장소를 좋아하는 활동 시간(수업, 점심, 등하교 준비 등), 도구 등 수행과제에서 조사 대상이 되는 것과 관련한 것으로 바꾸어 반복하여 연습하기 | | | | | | | |
| 5. 표와 간단한 그래프, 막대그래프의 관계를 파악하고 공통점과 차이점, 편리한 점에 대해 이야기하기 | | | ○ | ○ | ○ | | ○ |
| 6. 막대그래프에 사용되는 용어에 대해 설명하기 | | | ○ | ○ | ○ | | |
| 7. 수행과제의 자료 수집 방법 및 계획 세우기 | ○ | | | ○ | | | |
| 8. 7번을 바탕으로 하여 자료 수집하기 | | | | ○ | ○ | | ○ |
| 9. 수집한 결과를 4번의 과정을 따라 원인, 장소, 시간, 부상 부위로 나누어 4가지 막대그래프로 나타내기 | | | ○ | ○ | ○ | | ○ |
| 10. 각각의 막대그래프를 보고 원인, 장소, 시간에 따라 발생한 사고 횟수, 사고 시 가장 많이 다치는 부상 부위, 사고가 가장 많이 발생한 장소나 시간 등 그래프 읽기, 양의 크기 비교하기 등 그래프 해석하기 | | | ○ | | ○ | ○ | |

| 학습 경험 계획 | W | H | E1 | R | E2 | T | O |
|---|---|---|---|---|---|---|---|
| 11. 막대그래프를 보고 사고가 발생하는 경우를 예상하고 같은 종류의 사고가 발생하지 않기 위해 마련해야 할 대안에 대하여 이야기하기 | | | | ○ | | ○ | ○ |
| 12. 단원 정리 및 단원 평가 | | | | ○ | ○ | | ○ |

다음 장에 소개되는 자료는 위와 같은 과정을 따라 개발한 자료 영역의 단원의 개관으로 법적, 행정적 구속력이 있는 국가교육과정 문서를 토대로 하여 실생활과 경험을 통해 얻을 수 있는 구체적인 상황과 맥락을 반영한 평가 과제와 학습 활동입니다.

# IV. 거꾸로 디자인하는 단원 개발의 실제

## 1. 분류 경험하기(초 1~2학년군)

### 1) 기대하는 학습 결과의 확인

#### ① 교육과정 내용 요소 및 성취 기준 검토

| 기본교육과정(2015) |
|:---:|
| **자료와 가능성** |
| **자료** |

| 초1~2학년 |
|:---|
| • 분류경험하기 |
| • 일상생활에서 여러 가지 분류를 경험한다. |
| • 경험하기 |
| • 찾기 |
| • 분류하기 |
| • 비교하기 |

② 학습의 흐름

```
┌─────────────┐      ┌─────────────┐      ┌─────────────┐
│  분류의 편리성 │ ⟩⟩   │  분류가 필요한 │ ⟩⟩   │  분류 경험하기 │
│     알기     │      │     상황     │      │             │
└─────────────┘      └─────────────┘      └─────────────┘
```

▶ 분류의 편리성 경      ▶ 분류가 필요한 상      ▶ 분류 경험하기
  험하기                 황 관찰하기            - 제시된 기준에
 - 분류가 잘된 상       - 분류가 잘된 상          따라 분류 경험
   황에서 물건 찾         황과 그렇지 않          하기
   기                    은 상황 관찰하         - 분류가 필요한
 - 분류가 되어 있지       기                      상황을 찾고 분
   않은 상황에서 물     - 분류하기 전과 분        류하기
   건 찾기               류하기 후의 상황
                        비교하기

③ 기대하는 학습결과 템플릿

| 단원의 목표 | |
|---|---|
| • 일상생활에서 분류와 관련된 여러 가지 장면을 관찰하고, 분류의 편리성을 경험할 수 있다. | |
| **일반화** | **핵심질문** |
| • 정리활동은 분류하기와 관련이 있다.<br>• 분류하기를 통해 일상생활에서 편리함을 누릴 수 있다. | • 분류가 잘 되어 있는 상황과 그렇지 않은 상황 중 더 편리한 상황은 언제인가?<br>• 분류활동을 통해 얻을 수 있는 편리함은 무엇인가? |
| **사실과 개념적 지식** | **기능** |
| 속성(색깔, 모양, 크기 등), 공통점(비슷한 점), 차이점(다른 점), 기준, 모임, 묶기, ~따라 | • 경험하기     • 분류하기<br>• 찾기         • 비교하기 |

## 2) 다양한 이해의 증거 결정: 평가 과제 개발

### ① 다양한 이해의 증거 결정: GRASPS 모델 적용

| 수행과제 | |
|---|---|
| ▶ 나는야 정리의 달인! | |
| 목표(G) | 분류하기의 편리성을 알고, 분류 및 정리 활동을 한다. |
| 역할(R) | 정리의 달인 |
| 대상(A) | 같은 반 친구들 |
| 상황(S) | 친구들과 함께 마트에서 필요한 물건들을 찾아 구매한 뒤 교실로 돌아왔다. 구입한 물건들은 나중에 필요한 상황이 생겼을 때 쉽게 찾기 위하여 정리해야 한다. 구입한 물건들을 같은 물건끼리 분류 및 정리하여 보고, 정리를 했을 때 물건을 쉽게 찾을 수 있음을 이해하면서 분류의 편리성을 알고 분류 및 정리활동을 경험해보도록 한다. |
| 수행(P) | 분류의 편리성을 알고, 마트에서 구입한 물건들을 분류 및 정리한다. |
| 기준(S) | 이 수행과제에는 다음과 같은 내용이 포함되어야 한다.<br>-분류하기의 편리성을 바탕으로 분류 및 정리 활동에 적극적으로 참여하는 태도<br>-구입한 물건을 정리하기 전과 다르게 깔끔해진 상황<br>-물건을 찾기 쉽게 분류 및 정리 된 상황 |

### ② 다양한 이해의 증거 결정: 평가 루브릭

| 항목<br>척도 | 분류의 편리성 알기 | 분류 경험하기 |
|---|---|---|
| 4 | 분류가 된 상황, 분류가 되지 않은 상황을 각각 제시하였을 때 분류가 된 상황에서 물건을 더 빨리 찾을 수 있음을 알고 분류가 되어 있는 상황을 선택한다. | 생활 주변의 사물을 분류 및 정리 한다. |
| 3 | 분류가 된 상황, 분류가 되지 않은 상황을 각각 제시하였을 때 찾아야하는 물건의 모임이 있는 곳을 가리킨다. | 생활 주변의 사물을 안내된 절차에 따라 분류 및 정리한다. |

| 항목 척도 | 분류의 편리성 알기 | 분류 경험하기 |
|---|---|---|
| 2 | 분류가 된 상황, 분류가 되지 않은 상황을 각각 제시하였을 때 직관적으로 정리가 잘 되어 있는 상황을 선택한다. | 생활 주변의 사물을 이미 분류되어 있는 사물의 모임 속에 포함한다. |
| 1 | 분류가 되어 있는 상황과 분류가 되어 있지 않은 상황에서 분류가 되어 있는 상황을 선택하지 못한다. | 생활 주변의 사물을 분류 및 정리하지 못한다. |

### ③ 다양한 이해의 증거 결정: 그 밖의 증거

| 영역 | 평가 내용 | 방법 |
|---|---|---|
| 지식 | 분류가 잘 되어 있는 장면과 그렇지 않은 장면을 보고 분류의 편리성을 알고 있는가? | 질문 관찰 |
| 가치 및 태도 | 분류가 필요한 상황에서 스스로 분류를 시도하려는 태도를 가지는가? | 관찰 면담 보고 |

## 3) 학습 활동 개발 및 계열화

우리는 이미 일상생활 속에서 많은 분류하기 활동을 경험하고 있다. 예를 들면, 대형마트에서 생선을 구입하고자 할 때, 유제품이 정리된 코너가 아닌 수산물이 정리되어 있는 코너에 가면 찾을 수 있다. 또한 가정에서 양말을 찾고자 할 때, 부엌 서랍이 아닌 옷장 서랍에서 양말을 찾을 수 있다. 이렇게 일상생활에서 일어나는 소소한 일들이 분류하기 활동과 관련이 있다.

자료를 분류하는 활동은 자료 영역에서 가장 기본이 되는 활동이다. 이 단원에서는 일상생활 속에서 분류와 관련된 여러 가지 장면들을 직관적으로 관찰하여 보고, 실제로 환경을 구성하여 분류하기를 경험해 본 뒤, 이를 통해 분류의 편리성을 알아보도록 한다.

분류하기를 완벽하게 해내는 것에 초점을 두기 보다는 자료와 가능성 영역의 기초가 되는 분류하기 활동을 경험해 보는 것에 초점을 둔다. 여러 상황 속에서 분류와 관련된 장면들을 찾아보고, 분류가 되어 있는 상황과 그렇지 않은 상황을 관찰하고 비교해보며 분류의 필요성을 알고 안내된 기준에 따라 분류를 경험해 보도록 한다.

| 학습 경험 계획 | W | H | E1 | R | E2 | T | O |
|---|---|---|---|---|---|---|---|
| 1. 분류가 잘 되어 있는 상황과 그렇지 않은 상황 살펴보기 | ○ | ○ | ○ | | | | |
| 2. 핵심질문과 수행과제를 제시하고 설명하기 | ○ | | | | | | |
| 3. 분류가 되어 있지 않은 상황에서 제시한 물건과 같은 물건 찾기 | ○ | | ○ | | | | ○ |
| 4. 분류가 되어 있는 상황에서 제시한 물건과 같은 물건 찾기 | ○ | | ○ | | | | ○ |
| 5. 분류가 잘 되어 있는 상황과 그렇지 않은 상황에서 원하는 물건을 찾아보며 걸리는 시간 확인하고 시간 비교하기 | | | | ○ | ○ | | |
| 6. 분류의 편리성에 대해 이야기 나누기 | ○ | ○ | | | ○ | | |
| 7. 교실에서 볼 수 있는 분류 상황 살펴보기 | | | | | | ○ | |
| 8. 학교에서 볼 수 있는 분류 상황 살펴보기 | | | | ○ | | ○ | ○ |
| 9. 교실 수납장 정리 및 분류하기 | | | | ○ | | ○ | ○ |
| 10. 가정에서 볼 수 있는 분류 상황 살펴보기 | | | | | | ○ | |
| 11. 생활용품 정리 및 분류하기 | | | | ○ | | ○ | ○ |
| 12. 지역사회에서 볼 수 있는 분류 상황 살펴보기 | | | | | | ○ | |

| 학습 경험 계획 | W | H | E1 | R | E2 | T | O |
|---|---|---|---|---|---|---|---|
| 13. 마트 관련 동영상 보며 구입하고자 하는 물건 정하기 | | | | | ○ | ○ | |
| 14. 마트처럼 꾸며진 교실에서 물건 찾는 연습하기 | ○ | | | | | | |
| 15. 마트에서 구입하고자 하는 물건이 있는 코너로 찾아가기 | | | ○ | | | | |
| 16. 코너에서 원하는 물건 구입하기 | ○ | ○ | | ○ | | | |
| 17. 구입한 물건 살펴보기 | | | | | | ○ | |
| 18. 구입한 물건 분류 및 정리하기 | | | | ○ | ○ | | ○ |
| 19. 단원 정리 및 단원 평가 | | | | ○ | ○ | | ○ |

## 2. 한 가지 기준으로 분류하기(초 3~4학년군)

### 1) 기대하는 학습 결과의 확인

#### ① 교육과정 내용 요소 및 성취 기준 검토

| 기본교육과정(2015) | 공통교육과정 |
|---|---|
| 자료와 가능성 | 자료와 가능성 |
| 자료 | 자료 처리 |
| **초3~4학년** | **초1~2학년** |
| • 한 가지 기준으로 분류하기<br>• 분류된 자료를 보고 기준을 찾는다.<br>• 한 가지 기준에 따라 여러 가지 자료를 두 개의 모임으로 분류한다. | • 분류하기<br>• 교실 및 생활 주변에 있는 사물들을 정해진 기준 또는 자신이 정한 기준으로 분류하여 개수를 세어보고 기준에 따른 결과를 말할 수 있다. |
| • 관찰하기<br>• 비교하기<br>• 탐색하기<br>• 분류하기<br>• 적용하기 | • 수집하기<br>• 분석하기<br>• 비교하기<br>• 탐구하기<br>• 공감하기 |

## ② 학습의 흐름

| 기준 찾기 | ⟩ | 자료 분류하기 | ⟩ | 분류 기준에 대한 개념 확장하기 |
|---|---|---|---|---|

▶ 분류 기준 찾기
 - 분류된 자료 관찰 및 탐색하기
 - 공통된 속성을 파악하여 기준 찾기

▶ 주어진 한 가지 기준에 따라 분류하기
 - 두 개의 모임으로 분류하기

▶ 유형적 기준으로 분류하기
 - 표면적 유사성 (색/모양/크기/수)
 - 사물의 유목성 (종류/쓰임)
▶ 무형적 기준으로 분류하기
 - 예: 선호도

## ③ 기대하는 학습결과 템플릿

| 단원의 목표 ||
|---|---|
| •주어진 자료를 보고 분류기준을 찾을 수 있다. ||
| •한 가지 기준에 따라 여러 가지 자료를 두 개의 모임으로 분류할 수 있다. ||
| 일반화 | 핵심질문 |
| • 생활주변의 사물과 현상을 수학적으로 관찰ㆍ탐색하여 기본개념을 이해한다. | • 일상생활에서의 문제해결을 위하여 분류하기가 어떻게 활용되는가? |
| • 수학적으로 조작하고 의사소통 하는 활동을 통해 실생활의 문제를 합리적, 창의적으로 해결한다. | |
| • 일상생활에 분류하기의 유용성과 편의성을 인식하고 활용하려는 태도를 가진다. | |

| 사실과 개념적 지식 | 기능 | |
|---|---|---|
| 기준(색, 모양, 크기, 종류, 좋아하는 것과 싫어하는 것) 공통점과 차이점, 분류, 나누기, 묶기 | • 관찰하기<br>• 비교하기<br>• 탐색하기<br>• 기준 찾기 | • 해석하기<br>• 분류하기<br>• 적용하기 |

## 2) 다양한 이해의 증거 결정: 평가 과제 개발

### ① 다양한 이해의 증거 결정: GRASPS 모델 적용

| 수행과제 | |
|---|---|
| ▶ 환경정리게시판 꾸미기 | |
| 목표(G) | 기준 찾기와 분류하기를 활용하여 환경정리 게시판을 꾸민다. |
| 역할(R) | 학교의 환경정리 담당자 |
| 대상(A) | 학교의 학생들 |
| 상황(S) | 새로운 학기를 맞이하여 교실정리와 함께 환경게시판을 꾸미려고 한다. 주어진 자료들을 보고 기준을 찾고 게시판의 영역을 나누어 여러 가지 내용들이 들어갈 수 있도록 한 가지 기준에 따라 분류하는 활동을 통해 우리 반 교실 및 학생들의 개성이 잘 드러나는 게시판을 만든다. |
| 수행(P) | 환경게시판 예시 자료를 보고 어떠한 기준으로 분류가 되어 있는지 기준을 찾고, 주어진 기준에 따라서 자료들을 분류하여 게시판을 만든다. |
| 기준(S) | 이 수행과제에는 다음과 같은 내용이 포함되어야 한다.<br>−자료의 분류 기준이 들어간 제목<br>−기준에 따른 분류<br> · 유형적인 기준: 표면적 유사성(색/모양/크기/수)<br>        사물의 유목성(종류/쓰임)<br> · 무형적인 기준 : 좋아하는 것과 싫어하는 것 |

## ② 다양한 이해의 증거 결정: 평가 루브릭

| 척도 \ 항목 | 기준 찾기 | 분류하기 | 수학적 의사소통 | 수학적 태도 |
|---|---|---|---|---|
| 4 | 주어진 자료를 탐색하고 관찰하여 기준을 찾는다. | 주어진 기준에 따라서 자료를 두 개의 모임으로 분류한다. | 분류의 기준에 대한 개념적 이해를 바탕으로 기준을 설명한다. | 일상생활에서의 분류의 편의성을 인식하고 활용한다. |
| 3 | 주어진 자료를 탐색하고 관찰하여 기준을 말한다.(표면상의 유사성 및 사물의 유목) | 주어진 유형적 및 무형적인 기준에 따라서 자료를 두 개의 모임으로 분류한다. | 분류의 기준에 대한 개념적인 이해를 바탕으로 근거를 들어 기준을 설명할 수 있다. | 분류하기의 편의성을 인식하고 일상생활에서 활용한다. |
| 2 | 주어진 자료를 탐색하고 관찰하여 기준을 말한다.(표면상의 유사성) | 주어진 유형적 기준에 따라서 자료를 두 개의 모임으로 분류한다. | 분류의 기준에 대한 개념적인 이해를 바탕으로 기준을 말한다. | 분류하기 활동에 적극적으로 참여한다. |
| 1 | 주어진 자료를 탐색하고 관찰하여 교사의 도움을 받아(보기)에서 기준을 찾는다. (표면상의 유사성) | 분류되어 있는 모임을 보고 주어진 자료를 해당되는 모임에 포함시킨다. | 분류의 기준에 대한 설명을 듣는다. | 분류하기 활동에 적극적으로 참여하지 않는다. |

## ③ 다양한 이해의 증거 결정: 그 밖의 증거

| 영역 | 평가 내용 | 방법 |
|---|---|---|
| 가치 및 태도 | 한 가지 기준으로 분류하는 활동에 흥미를 가지고 적극적으로 참여하는가? | 관찰 면담 |
| | 기준에 따른 분류하기의 유용성과 필요성을 인식하는가? | |

## 3) 학습 활동 개발 및 계열화

이 단원에서는 학생들이 분류된 자료의 공통된 속성을 파악하여 스스로 기준을 찾아보고, 주어진 기준에 따라서 두 가지의 모임으로 분류하는 활동으로 구성하였다. 이러한 과정에서 분류되지 않은 상태에서의 불편함을 알고 일상생활에서의 분류의 편리성과 유용성을 인식할 수 있도록 한다. 분류기준은 실생활과 관련된 친숙하고도 직관적으로 드러나는 명확한 기준들을 설정하도록 하며 표면상의 유사성(크기, 모양, 색, 수)에서 사물의 유목(종류, 쓰임 등)에 따라 분류하는 등 다양한 분류 기준을 경험할 수 있도록 한다. 또한 다양한 예시장면을 제시하여 유형적 기준 뿐 아니라 무형적인 기준도 알게 함으로써 분류기준에 대한 개념을 점차 확장시키도록 한다.

이를 통해 일상생활에서 접하는 다양한 자료들을 한 가지 기준으로 분류하여 적용하려는 능력과 태도를 갖추도록 주안점을 두고 자료 해석의 기초를 습득할 수 있도록 단원을 설정한다.

| 학습 경험 계획 | W | H | E1 | R | E2 | T | O |
|---|---|---|---|---|---|---|---|
| 1. 여러 가지 다양한 환경게시판의 예와 문제제기 식 발문을 제시하여 기준 찾기와 분류하기에 대한 흥미 유발하기 | | ○ | | | | | |
| 2. 핵심적인 질문과 수행 과제를 PPT로 제시하고 학생들에게 설명하기 | ○ | | | | | | |
| 3. 다양한 자료를 제시하여 관찰, 탐색하기 | | | ○ | | | | |
| 4. 관찰, 탐색한 내용을 바탕으로 분류 기준 토의하기 | | | ○ | | | | |
| 5. 분류된 자료의 기준 찾기의 예 제시하기 | | | ○ | | | | ○ |
| 6. 주어진 자료의 표면상의 유사성에 따라 기준 찾기 (색, 모양) | | | ○ | | ○ | | |

| 학습 경험 계획 | W | H | E1 | R | E2 | T | O |
|---|---|---|---|---|---|---|---|
| 7. 주어진 자료의 표면상의 유사성에 따라 기준 찾기(크기, 수) | | | | | | | |
| 8. 주어진 자료를 사물의 유목에 따라(쓰임, 같은 종류) 기준 찾기 | | | ○ | | | ○ | |
| 9. 여러 가지 주어진 자료를 보고 기준을 찾아 설명하기 | | | | ○ | ○ | ○ | |
| 10. 여러 가지 자료를 제시하여 관찰, 탐색하고 분류하기의 유용성 및 편의성에 대해 토의하기 | ○ | ○ | | | | ○ | |
| 11. 주어진 자료를 한 가지 기준에 따라서 두 가지 모임으로 분류하는 예 제시하기(표면상의 유사성/사물의 유목/무형적 기준에 따라) | | | ○ | | | ○ | ○ |
| 12. 표면상의 유사성(색)에 따라 자료를 두 가지 모임으로 분류하기 | | | ○ | ○ | | ○ | |
| 13. 표면상의 유사성(모양)에 따라 자료를 두 가지 모임으로 분류하기 | | | ○ | ○ | | ○ | |
| 14. 표면상의 유사성(크기)에 따라 자료를 두 가지 모임으로 분류하기 | | | ○ | ○ | | ○ | |
| 15. 표면상의 유사성(수)에 따라 자료를 두 가지 모임으로 분류하기 | | | ○ | ○ | | ○ | |
| 16. 사물의 유목(쓰임)에 따라 자료를 두 가지 모임으로 분류하기 | | | ○ | ○ | | ○ | |
| 17. 사물의 유목(종류)에 따라 자료를 두 가지 모임으로 분류하기 | | | ○ | ○ | | ○ | |
| 18. 무형적인 기준(기호)에 따라 자료를 두 가지 모임으로 분류하기 | | | ○ | ○ | | ○ | |
| 19. 다양한 한 가지 기준에 따라서 주어진 자료를 두 가지 모임으로 분류하고 기준에 대해 설명하기 | | | | ○ | ○ | ○ | |
| 20. 수행과제의 예시 및 과정 설명하기 | | | | | | | |
| 21. 수행과제 제작 계획 토의하기 | | ○ | ○ | | | ○ | ○ |
| 22. 수행 과제 모둠별 제작 및 발표하기 | | | ○ | ○ | ○ | ○ | |
| 23. 비교하기 단원 정리 및 단원 평가 | ○ | | | | | | ○ |

# 3. 여러 가지로 분류하기(초5~6학년군)

## 1) 기대하는 학습 결과의 확인

### ① 교육과정 내용 요소 및 성취 기준 검토

| 기본교육과정(2015) | 공통교육과정 |
|---|---|
| 자료와 가능성 | 자료와 가능성 |
| 자료 | 자료 처리 |
| **초5~6학년** | **초1~2학년** |
| • 여러 가지로 분류하기 | • 분류하기 |
| • 수집된 자료를 두 개 이상의 모임으로 분류한다.<br>• 여러 가지 기준에 따라 자료를 순차적으로 분류한다. | • 교실 및 생활 주변에 있는 사물들을 정해진 기준 또는 자신이 정한 기준으로 분류하여 개수를 세어보고, 기준에 따른 결과를 말할 수 있다. |
| • 분류하기 | • 분류하기<br>• (개수) 세기<br>• 설명하기 |

## ② 학습의 흐름

| 두개 이상의<br>모임으로 분류하기 | 순차적으로<br>분류하기 | 분류한 결과<br>해석하기 |
|---|---|---|
| ▶ 분류하기<br>  - 유형적인 기준에<br>    따라 3~4개 모임<br>    으로 분류하기<br>  - 무형적인 기준에<br>    따라 3~4개 모임<br>    으로 분류하기<br>▶ 분류 기준 찾기<br>▶ 기준 정해 분류하기 | ▶ 분류하기<br>  - 두 가지 유형적인<br>    기준에 따라 순차<br>    적으로 분류하기<br>  - 무형적인 기준을<br>    포함한 두 가지<br>    기준에 따라 순차<br>    적으로 분류하기 | ▶ 분류하여 세기<br>▶ 분류한 결과 이야<br>  기하기 |

## ③ 기대하는 학습결과 템플릿

| 단원의 목표 | |
|---|---|
| • 수집된 자료를 정해진 기준, 자신이 정한 기준에 따라 두 개 이상의 모임으로 분류할 수 있다.<br>• 수집된 자료를 두 가지 기준에 따라 순차적으로 분류하여 셀 수 있다. | |
| **일반화** | **핵심질문** |
| • 자료를 분류할 수 있는 기준은 매우 다양하고, 기준에 따라 분류 결과는 달라진다.<br>• 분류하여 수 세기는 표를 만들기 위한 기초 활동이다. | • 자료를 분류할 수 있는 기준에는 어떤 것이 있는가?<br>• 일상생활에서 분류하여 수 세기는 어떻게 활용될 수 있는가? |
| **사실과 개념적 지식** | **기능** |
| 특성(색깔, 모양, 크기, 수 등), 종류, 쓰임, 분류 기준 | • 분류하기<br>• 분류 기준 찾기<br>• 분류 기준 정하기<br>• (개수) 세기<br>• 분류 결과 설명하기 |

## 2) 다양한 이해의 증거 결정: 평가 과제 개발

### ① 다양한 이해의 증거 결정: GRASPS 모델 적용

| 수행과제 |
|---|
| ▶ 플리마켓 물건 매진하기 |

| | |
|---|---|
| 목표(G) | 플리마켓에 물건을 사러 온 고객들의 구매욕과 만족도를 높이는 것이다. |
| 역할(R) | 플리마켓 물건 진열팀 |
| 대상(A) | 플리마켓 고객 |
| 상황(S) | 매주 주말이면 동네 공원에서는 수익금으로 어려운 이웃을 돕는 플리마켓이 열린다. 우리학교에서도 플리마켓 판매자로 참여하고자 하며, 우리 학급은 물건 진열 역할을 맡았다. 그리고 강당에는 주말 플리마켓에서 판매해야 하는 물건들이 질서 없이 섞여있다. |
| 수행(P) | 물건들을 보기 좋게, 찾기 좋게 분류기준에 따라 분류해야 한다. |
| 기준(S) | 이 보고 자료에는 다음과 같은 내용이 포함되어야 한다.<br>– 색에 따라 분류한 과일<br>– 쓰임에 따라 분류한 학용품<br>– 입는 부위와 크기에 따라 분류한 옷<br>– 직접 정한 기준에 따라 분류한 액세서리<br>– 분류한 품목의 개수를 기록한 자료 |

### ② 다양한 이해의 증거 결정: 평가 루브릭

| 항목 / 척도 | 정해진 기준에 따라 두 개 이상의 모임으로 분류하기 | 기준을 정하여 분류하기 | 두 가지 기준에 따라 순차적으로 분류하기 | 분류하여 세기 |
|---|---|---|---|---|
| 4 | 정해진 기준에 따라 4개 이상의 모임으로 분류한다. | 자료를 보고 기준을 정하여 분류하고 분류기준을 설명한다. | 두 가지 기준에 따라 순차적으로 분류한다. | 분류하여 세고 결과를 설명한다. |

| 항목<br>척도 | 정해진 기준에 따라 두 개 이상의 모임으로 분류하기 | 기준을 정하여 분류하기 | 두 가지 기준에 따라 순차적으로 분류하기 | 분류하여 세기 |
|---|---|---|---|---|
| 3 | 정해진 기준에 따라 3개의 모임으로 분류한다. | 주어진 두 개의 기준 중에 원하는 기준을 선택하여 분류한다. | 교사의 안내를 듣고 두 가지 기준에 따라 순차적으로 분류한다. | 안내된 절차에 따라 분류하여 센다. |
| 2 | 분류의 기준이 되는 예를 보고 3개의 모임으로 분류한다. | 주어진 두 개의 기준 중에 원하는 기준을 선택하되, 이를 이해하여 분류하지 못한다. | 분류의 기준이 되는 예를 보고 두 개의 기준에 따라 순차적으로 분류한다. | 교사의 시범을 따라 분류하여 센다. |
| 1 | 분류의 기준이 되는 예를 보고 3개의 모임으로 분류하지 못한다. | 분류기준을 선택하지 못한다. | 분류의 기준이 되는 예를 보고 두 개의 기준에 따라 순차적으로 분류하지 못한다. | 교사의 시범을 보고 분류하여 세지 못한다. |

### ③ 다양한 이해의 증거 결정: 그 밖의 증거

| 영역 | 평가 내용 | 방법 |
|---|---|---|
| 가치 및 태도 | 다양한 기준에 따른 분류의 유용성을 알고 흥미를 갖고 있는가? | 관찰 |

## 3) 학습 활동 개발 및 계열화

이 단원은 3, 4학년에서 학습한 '한 가지 기준에 따라 두 개의 모임으로 분류하기'보다 복잡한 분류를 학습한다. 즉, 분류기준이

한 가지에서 두 가지로 늘어나고, 분류하는 모임의 개수는 두 개에서 그 이상으로 늘어난다. 이전에는 분류에 대한 개념을 학습하기 위해 통제된 상황에서 명확한 분류가 가능한 자료를 가지고 분류를 연습했다면, 이 단원에서는 보다 실제적으로 생활에 적용할 수 있는 분류를 학습하는 것이다. 우리가 실생활에서 접하는 자료들은 수가지의 특성을 지니고 있어 분류 목적에 따라 분류 기준과 분류 결과가 달라지기 때문에 이 단원에서 학습하는 분류는 실생활에 적용하기 매우 유용하다.

또한 '표 만들기'의 기초 활동이 되는 '분류 기준을 정해 분류하기'와 '분류하여 세기'를 학습한다. 같은 자료더라도 분류할 수 있는 기준은 매우 다양하기 때문에 상황에 적절한 분류 기준을 정해야 한다. 그래서 분류 대상인 자료들이 가진 다양한 특성들을 분석하고 자료들 간의 공통속성을 찾아 '분류기준을 정하기'를 학습한다. 또한 분류한 다음에는 수와 연산 영역에서 학습한 수세기와 결합하여 '분류하여 수 세기'를 학습하면서 분류한 자료들을 기호화한다.

| 학습 경험 계획 | W | H | E1 | R | E2 | T | O |
|---|---|---|---|---|---|---|---|
| 1. 플리마켓 진열대 사진을 보고 가장 잘 정리된 진열대를 찾아 분류하기에 대한 흥미 유발하기 | | ○ | | | | | |
| 2. 핵심질문과 수행과제를 PPT로 제시하고 학생들에게 설명하기 | ○ | | | | | | |
| 3. 색, 모양, 크기, 수 기준에 따라 3~4가지로 분류하기 | | | ○ | ○ | | | |
| 4. 종류, 쓰임 등에 따라 3~4가지로 분류하기 | | | ○ | ○ | | | |

| 학습 경험 계획 | W | H | E1 | R | E2 | T | O |
|---|---|---|---|---|---|---|---|
| 5. 분류된 모임을 보고 한 모임에 속한 자료들의 공통점 찾기 | | | ○ | ○ | | | |
| 6. 분류된 모임을 보고 분류기준 찾기 | | | ○ | ○ | | | |
| 7. 자료를 보고 분류기준 정하여 분류하기 | | | ○ | ○ | | ○ | |
| 8. 플리마켓 물건을 분류할 수 있는 다양한 분류기준에 대하여 의견 나누기 | | | | ○ | ○ | | ○ |
| 9. 플리마켓 물건 분류 계획 세우고 발표하기 | | | | ○ | ○ | | ○ |
| 10. 색, 모양, 크기, 수 등 표면상의 특징 중 두 개의 기준에 따라 순차적으로 분류하기 | | | | ○ | ○ | | |
| 11. 종류, 쓰임 등 추상적인 특징을 포함한 두 개의 기준에 따라 순차적으로 분류하기 | | | | ○ | ○ | | |
| 12. 플리마켓 물건 중 두 가지 기준에 따라 순차적으로 분류했을 때 유용한 물건에 대하여 의견 나누기 | | | | ○ | ○ | | ○ |
| 13. 두 가지 기준에 따라 순차적으로 분류할 물건을 고려하여 진열 계획 수정하기 | | | | ○ | ○ | | ○ |
| 14. 자료의 수를 셀 때 중복되지 않고 빠짐없이 세는 방법 알아보기 | | | | ○ | ○ | | |
| 15. 정해진 기준에 따라 분류하여 세고 분류결과 말하기 | | | | ○ | ○ | | |
| 16. 분류 기준을 정해 분류하여 세고 분류결과 말하기 | | | | ○ | ○ | | ○ |
| 17. 플리마켓 분류 | | | | ○ | ○ | | ○ |
| 18. 단원 정리 및 단원 평가 | | | | ○ | ○ | | ○ |

## 4. 표 만들기(초5~6학년군)

### 1) 기대하는 학습 결과의 확인

#### ① 교육과정 내용 요소 및 성취 기준 검토

| 기본교육과정(2015) | 공통교육과정 |
|---|---|
| 자료와 가능성 | 자료와 가능성 |
| 자료 | 자료 처리 |
| 초5~6학년 | 초1~2학년 |
| • 표 만들기 | • 표 |
| • 여러 가지 기준으로 분류한 것을 표로 나타낸다. | • 분류한 자료를 표로 나타내고, 표로 나타내면 편리한 점을 말할 수 있다. |
| • 표 만들기<br>• 해석하기 | • 표 만들기<br>• 해석하기 |

② 학습의 흐름

```
┌─────────────┐    ┌─────────────┐    ┌─────────────┐
│   표 만들기   │ ▶ │   표 보고    │ ▶ │   표 읽기    │
│             │    │  이야기하기   │    │             │
└─────────────┘    └─────────────┘    └─────────────┘
```

▶ 표의 개념과 표 만드는 방법 알기
▶ 표로 나타내기
  – 표모양판에 자료 배치하기
  – 표에 숫자로 나타내기

▶ 표로 나타내면 편리한 점 알기
▶ 표에서 여러 가지 사실 찾기
  – 항목별 수, 전체 합계 찾아 이야기하기
  –가장 선호하는 항목, 그렇지 않은 항목 찾아 이야기하기

▶ 생활 주변의 다양한 표에서 정보 찾기

③ 기대하는 학습결과 템플릿

| 단원의 목표 | |
|---|---|
| • 조사한 자료를 분류하여 표로 나타내고, 표에서 여러 가지 사실을 찾을 수 있다. | |
| **일반화** | **핵심질문** |
| • 합리적인 의사결정을 위해 특정 의견을 주장할 때는 적절한 자료에 기초해야 한다.<br>• 표는 우리 일상생활에서 다양한 형태로 활용된다. | • 합리적인 의사결정을 위해 어떻게 표가 사용될 수 있는가?<br>• 일상생활에서 자주 사용하는 표는 어떤 것이 있는가? |
| **사실과 개념적 지식** | **기능** |
| 표, 합계, 항목 | • 분류하기<br>• (개수) 세기<br>• 표 만들기<br>• 표 해석하기 |

## 2) 다양한 이해의 증거 결정: 평가 과제 개발

### ① 다양한 이해의 증거 결정: GRASPS 모델 적용

| 수행과제 | |
|---|---|
| ▶ 동아리 개설을 위한 수요 조사하기 | |
| 목표(G) | 학생들이 원하는 동아리 활동을 조사하여 보기 쉽게 표로 정리한다. |
| 역할(R) | 동아리 담당 교사 |
| 대상(A) | 전교생 |
| 상황(S) | 우리학교는 1학기 말에 2주간 집중적으로 동아리 활동을 실시한다. 동아리 담당교사는 학생들이 선호하는 동아리 활동을 고려하여 동아리 부서를 개설하고자 한다. 그래서 동아리 담당교사는 전교생을 대상으로 학생들이 원하는 활동을 조사하고자 한다. |
| 수행(P) | 설문자료를 수집하고 분류하여 표로 나타내야 한다. |
| 기준(S) | 이 보고 자료에는 다음과 같은 내용이 포함되어야 한다.<br>– 전교생을 대상으로 직접 조사한 선호 동아리 활동 조사자료<br>– 조사 자료를 정리한 표<br>– 가장 선호하는 동아리활동 제시 |

### ② 다양한 이해의 증거 결정: 평가 루브릭

| 척도 \ 항목 | 표로 나타내기 | 표를 보고 이야기하기 |
|---|---|---|
| 4 | 분류한 자료를 보고 항목명, 항목별 자료 수, 전체합계를 기록하여 표를 만든다. | 표를 보고 항목별 자료 수, 전체합계, 가장 선호하는 항목과 그렇지 않은 항목을 설명한다. |
| 3 | 분류한 자료를 세어 표에 숫자로 나타낸다. | 표를 보고 항목별 자료 수를 말한다. |
| 2 | 분류한 자료를 표 모양판에 배치한다. | 표에서 교사가 제시하는 항목의 자료 수를 손가락으로 짚는다. |
| 1 | 분류한 자료를 표 모양판에 배치하지 못한다. | 표에서 항목의 자료수, 전체합계, 가장 선호하는 항목과 그렇지 않은 항목을 찾지 못한다. |

### ③ 다양한 이해의 증거 결정: 그 밖의 증거

| 영역 | 평가 내용 | 방법 |
|------|-----------|------|
| 지식 | 표의 개념과 표로 나타냈을 때의 편리한 점을 알고 있는가? | 질문 |
| 가치 및 태도 | 통계조사가 필요한 상황에서 자료를 조사하여 분류하고 표로 나타내려는 태도를 가지는가? | 관찰 |

## 3) 학습 활동 개발 및 계열화

우리 교실을 둘러보면 시간표, 급식 식단표 등 다양한 형태의 표를 쉽게 찾아볼 수 있다. 그리고 표는 통계 조사를 정리하고 해석할 때도 유용하게 사용한다. 원하는 현장체험학습 장소나 좋아하는 음식 등 선호도를 조사하여 나타내거나 학급별 학생 수 등 집합수를 한 눈에 보기 쉽게 나타낼 수 있다.

이 단원에서는 우리 생활에서 쉽게 접할 수 있는 소재를 자료로 조사하고 분류하여 표로 나타내는 통계적 활동을 한다. 분류한 자료를 칸이 나누어진 직사각형 틀 모양의 표모양판에 배치하는 것부터 시작하여 숫자로 기록하는 것으로 점차 나아가며 표 만들기에 필요한 기능을 연습한다.

또한 표를 보고 항목별 자료수, 전체합계 등 표에서 알 수 있는 정보들을 찾고 이야기하면서 자연스럽게 자료를 표로 정리했을 때의 편리한 점을 느끼게 된다. 더 나아가 생활 주변의 다양한 표를 보고 표에서 필요한 정보를 찾아 이야기하는 활동은 교실 바깥에서의 독립적인 생활을 영위하는 데 도움이 될 것이다.

| 학습 경험 계획 | W | H | E1 | R | E2 | T | O |
|---|---|---|---|---|---|---|---|
| 1. 전년도 동아리 발표회 영상을 보고 개설되었으면 하는 동아리 활동을 발표하며 흥미 유발하기 | | ○ | | | | | |
| 2. 핵심질문과 수행과제를 PPT로 제시하고 학생들에게 설명하기 | ○ | | | | | | |
| 3. 표의 뜻, 표를 만드는 방법 토의하기 | | | ○ | | | | |
| 4. 2, 3가지로 분류된 자료를 표모양판에 배치하기 | | | ○ | ○ | | | |
| 5. 2, 3가지로 분류된 자료를 세어 표에 숫자로 나타내기 | | | ○ | ○ | | | |
| 6. 제시된 자료를 2, 3개의 모임으로 분류하고 표로 나타내기 | | | ○ | ○ | | | |
| 7. 자료를 조사할 수 있는 여러 가지 방법 토의하기 | | | ○ | | | | |
| 8. 수행 과제에 필요한 자료 수집 계획 세우기(조사방법, 역할분담 등) | | | ○ | ○ | ○ | ○ | ○ |
| 9. 수행 과제에 필요한 자료(하고 싶은 동아리 활동)를 조사하기 | | | ○ | ○ | ○ | ○ | ○ |
| 10. 수행 과제를 위해 수집한 자료 분류하고 표로 나타내기 | | | | ○ | ○ | | ○ |
| 11. 표를 보고 항목별 자료 수, 전체합계 이야기하기 | | | | ○ | ○ | | |
| 12. 표를 보고 가장 선호하는 항목과 그렇지 않은 항목 이야기하기 | | | | ○ | ○ | | |
| 13. 자료를 표로 나타내었을 때 편리한 점 토의하기 | | | | ○ | | | |
| 14. 생활 주변에서 사용하는 다양한 표 찾고 해석하기 | | | | ○ | ○ | | ○ |
| 15. 수행 과제에서 만든 표 해석하기 | | | | ○ | ○ | | ○ |
| 16. 단원 정리 | | | | ○ | ○ | | ○ |

## 5. 간단한 그래프와 막대그래프(중학교1~3학년군)

### 1) 기대하는 학습 결과의 확인

#### ① 교육과정 내용 요소 및 성취 기준 검토

| 기본교육과정(2015) | 공통교육과정 |
|---|---|
| 자료와 가능성 | 자료와 가능성 |
| 자료 | 자료 |
| 중1~3학년 | 초1~2학년 |
| • 간단한 그래프<br>• 막대그래프<br>• 사진, 그림 등을 이용하여 그래프로 나타낸다.<br>• 기호(○, ×, /)를 이용하여 그래프로 나타낸다.<br>• 막대그래프 그리는 방법을 익히고, 막대그래프로 나타낸다.<br>• 막대그래프에서 자료의 특성을 찾아보고 해석한다.<br>• 표 만들기<br>• 그래프 그리기<br>• 해석하기<br>• 비교하기 | • ○, ×, /를 이용한 그래프<br>• 막대그래프<br>• 분류한 자료를 ○, ×, / 등을 이용하여 그래프로 나타내고, 그래프로 나타내면 편리한 점을 말할 수 있다.<br>• 실생활 자료를 수집하여 간단한 그림그래프나 막대그래프로 나타낼 수 있다.<br><br>• 그래프 그리기<br>• 정리하기<br>• 해석하기<br>• 비교하기 |

② 학습의 흐름

| 간단한 그래프 | 막대그래프 | 그래프 해석 |

▶ 그래프 만들기
 - 자료를 수집하여 사진, 그림을 활용한 간단한 그래프로 나타내기
 - 자료를 수집하여 기호를 활용한 간단한 그래프로 나타내기

▶ 막대그래프 알기
 - 자료의 크기를 직사각형 마디에 색칠하여 그래프로 나타내기
 - 막대그래프로 나타내야 하는 경우 알기
▶ 막대그래프 그리는 방법 알기

▶ 그래프를 보고 이야기하기
▶ 막대그래프 해석하기
 - 양의 크기 비교하기
▶ 그래프를 해석하여 의사결정하기

③ 기대하는 학습결과 템플릿

| 단원의 목표 |
| --- |
| • 사진, 그림 등을 이용하여 그래프로 나타낸다.<br>• 기호(○, ×, /)를 이용하여 그래프로 나타낸다.<br>• 막대그래프 그리는 방법을 익히고, 막대그래프로 나타낸다.<br>• 막대그래프에서 자료의 특성을 찾아보고 해석한다. |

| 일반화 | 핵심질문 |
| --- | --- |
| • 자료를 정리하고 이를 쉽게 비교하고 알아보기 위해서 표와 그래프로 나타낸다.<br>• 다양한 상황에서 합리적인 선택을 하거나 자신의 의견을 주장하기 위해 정당한 근거를 마련하기 위해서는 자료를 이용한다.<br>• 목적에 맞게 자료를 수집하고 표와 그래프로 나타내어 의미를 해석한다. | • 표와 그래프는 왜 필요할까?<br>• 자료를 표와 그래프로 나타내는 기준은 무엇일까?<br>• 문제를 해결하거나 결정하기 위해 그래프를 어떻게 활용할까? |

| 사실과 개념적 지식 | 기능 | |
|---|---|---|
| 표, 기호, 그래프, 줄, 칸, 조사, 수집, 분석, 해석, 막대그래프, 양, 크기, 비교 | • 자료 수집하기 • 정리하기 • 표 만들기 | • 그래프 그리기 • 해석하기 • 비교하기 |

## 2) 다양한 이해의 증거 결정: 평가 과제 개발

### ① 다양한 이해의 증거 결정: GRASPS 모델 적용

| 수행과제 | |
|---|---|
| ▶ 학교에서 발생하는 안전사고 사례 분석하기 | |
| 목표(G) | 학교 안전사고와 그 문제점에 대해 미리 알고 예방한다. |
| 역할(R) | 학교의 안전 책임자 |
| 대상(A) | 학교의 선생님과 학생들 |
| 상황(S) | 학교에서는 많은 인원의 학생들이 함께 생활하고 여러 가지 수업 활동을 위하여 마련된 물건이나 장소에서 장난을 치거나 부주의하면 안전사고가 일어날 수 있다. 그러나 스스로가 일상생활에서 발생할 수 있는 여러 가지 위험을 미리 깨닫고 조심한다면 안전사고를 줄일 수 있다. 따라서 이에 따른 예방대책을 마련하기 위하여 학교에서 일어날 수 있는 안전사고에 대한 보고 자료를 만들어야 한다. |
| 수행(P) | 학교에서 일어나는 안전사고 사례에 대해 조사하고 안전사고가 발생되는 원인, 시간, 장소, 부상 부위별로 정리하여 보고한다. |
| 기준(S) | 이 보고 자료에는 다음과 같은 내용이 포함되어야 한다. -안전사고 사례 자료 수집 -안전사고의 종류 기준(원인, 시간, 장소, 부상 부위) -안전사고의 사례를 기준에 따라 횟수를 기록한 표 -안전사고 발생 그래프(기호를 사용한 간단한 그래프, 막대그래프) -그래프에 나타난 양의 크기 비교 |

## ② 다양한 이해의 증거 결정: 평가 루브릭

| 항목<br>척도 | 자료<br>조사하기 | 표 그리기 | 간단한<br>그래프 | 막대그래프 | 그래프의<br>해석 |
|---|---|---|---|---|---|
| 4 | 자료를 조사하는 방법을 계획하여 수집한다. | 분류한 자료를 표로 나타내고 설명할 수 있다. | 자료를 분류한 표를 간단한 그래프로 나타내고 그래프로 나타내면 편리한 점을 말한다. | 자료를 분류한 표를 막대그래프로 나타낼 수 있다. | 그래프를 해석하여 통계적 사실을 확인할 수 있다. |
| 3 | 자료를 조사하는 방법을 스스로 계획하지는 못하지만 절차를 안내하여 주면 수집한다. | 수집한 자료를 여러 가지 기준에 따라 분류하여 그 결과를 표에 기록할 수 있다. | 자료를 분류한 표를 사진, 그림, 기호를 사용하여 그래프로 나타낼 수 있다. | 안내된 절차에 따라 자료를 막대그래프로 나타낼 수 있다. | 그래프에 표현한 항목이 나타내는 양(막대)의 크기를 비교할 수 있다. |
| 2 | 절차를 안내하여 주고 여러 가지 단서를 함께 제공하여 주면 수집한다. | 수집한 자료를 여러 가지 기준에 따라 분류하여 그 결과를 제시된 표에 다양한 방법(예: 수, ○, / 등)으로 기록할 수 있지만, 도움을 필요로 한다. | 자료를 표현하는 사진, 그림을 그래프의 가로축, 세로축에서 그에 해당하는 기준을 찾아 한 줄로 나열할 수 있다. | 조사한 자료에 해당하는 막대그래프를 찾을 수 있다. | 그래프에 표현한 항목이 나타내는 양(막대)의 크기를 직접 비교할 수 있다. |

| 항목 척도 | 자료 조사하기 | 표 그리기 | 간단한 그래프 | 막대그래프 | 그래프의 해석 |
|---|---|---|---|---|---|
| 1 | 자료를 조사하는 절차 안내와 도움이 있어도 수집하지 못한다. | 수집한 자료의 결과를 표로 나타내지 못한다. | 자료를 표현하는 사진, 그림을 그래프의 가로축, 세로축의 기준과 연결하지 못한다. | 조사한 자료와 막대그래프의 관련성을 찾지 못한다. | 그래프에서 제시하고 있는 결과를 읽지 못하거나 읽더라도 오류를 나타낸다. |

### ③ 다양한 이해의 증거 결정: 그 밖의 증거

| 영역 | 평가 내용 | 방법 |
|---|---|---|
| 지식 | 그래프로 나타내면 편리한 점을 알고 있는가? | 질문 |
| | 표와 그래프의 특징과 차이점을 알고 있는가? | 관찰 |
| 가치 및 태도 | 의사결정과정에서 표와 그래프를 근거로 하여 합리적인 사고를 할 수 있는가? | 관찰 면담 보고 |
| | 수학적 아이디어를 그래프로 표현하여 다른 사람과 효율적으로 의사소통할 수 있는가? | |
| | 자료를 수집하여 표와 그래프로 나타내는 활동을 통하여 수학의 유용성을 알고 흥미를 갖고 있는가? | |

## 3) 학습 활동 개발 및 계열화

이 단원에서는 학생들의 일상생활과 밀접하게 관련 있는 자료들을 직접 수집, 정리하여 표와 그래프로 나타내고 알아보기 쉽고, 자료의 양을 비교하기에 편리하다는 것을 인식시키고자 한다. 학생들은 이 단원에서 얻고자 하는 결론을 추론하고 적절한 기준을 선정하여 어떤 자료를 수집해야 할 것인지 고민하고 계획을 세워 자료를 수집한다. 이렇게 수집한 자료는 표와 사진, 그림, 기호 등을 활용한 그래프로 나타내어 자료의 크기를 비교하며 이 활동을 바탕으로 하여 막대그래프로 바꾸어 나타내어 보고 막대그래프의 특징을 이해하고 자료에서는 통계적 사실을 찾을 수 있도록 하며, 자신의 생각을 표현하고 다른 사람의 생각을 이해하는 소통의 과정에서 다양한 의사소통의 수단으로 활용될 수 있다는 것을 이해할 수 있도록 구성하였다.

| 학습 경험 계획 | W | H | E1 | R | E2 | T | O |
|---|---|---|---|---|---|---|---|
| 1. 어린이 안전사고 사례와 관련된 기사, 뉴스를 찾고 해당하는 기사에 나오는 표와 그래프 자료 찾기 | | ○ | | | | | |
| 2. 핵심질문과 수행과제를 제시하고 설명하기 | ○ | | | | | | |
| 3. 다양한 사례의 표와 그래프에 대해 알아보고 표와 그래프의 개념, 특징에 대해 이야기하기 | | | ○ | ○ | | | |
| 4. 표를 사진, 그림, 기호를 이용한 간단한 그래프로 나타내고 간단한 그래프를 막대그래프로 나타내는 과정을 과제 분석하여 단계별로 연습하기 | | | | | | | |
| – 우리반 학생들이 좋아하는 학교 장소를 조사하기 | ○ | ○ | | | | ○ | |
| – 수집한 결과를 표로 나타낸 후에 해당 장소를 잘 표현할 수 있는 사진이나 그림을 기준으로 제시하고 해당 장소를 좋아하는 우리반 학생 사진, 그림을 한 줄로 나열하기 | | | | ○ | ○ | ○ | ○ |
| – 사진이나 그림을 기호로 바꾸어 표시하기 . | | | | ○ | ○ | ○ | ○ |
| – 기호로 나타낸 그래프를 똑같은 크기의 □로 바꾸어 표시하기 | | | | ○ | ○ | ○ | ○ |
| – 표를 보고 직사각형 마디에 색칠하기 | | | | ○ | ○ | ○ | ○ |
| – 표를 보고 막대그래프로 나타내기 | | | | ○ | ○ | ○ | ○ |
| * 장소를 좋아하는 활동 시간(수업, 점심, 등하교 준비 등), 도구 등 수행과제에서 조사 대상이 되는 것과 관련한 것으로 바꾸어 반복하여 연습하기 | | | | | | | |

| 학습 경험 계획 | W | H | E1 | R | E2 | T | O |
|---|---|---|---|---|---|---|---|
| 5. 표와 간단한 그래프, 막대그래프의 관계를 파악하고 공통점과 차이점, 편리한 점에 대해 이야기하기 | | | ○ | ○ | ○ | | ○ |
| 6. 막대그래프에 사용되는 용어에 대해 설명하기 | | | ○ | ○ | ○ | | ○ |
| 7. 수행과제의 자료 수집 방법 및 계획 세우기 | ○ | | | ○ | | | |
| 8. 7번을 바탕으로 하여 자료 수집하기 | | | ○ | ○ | ○ | | ○ |
| 9. 수집한 결과를 4번의 과정을 따라 원인, 장소, 시간, 부상 부위로 나누어 4가지 막대그래프로 나타내기 | | | ○ | ○ | ○ | | ○ |
| 10. 각각의 막대그래프를 보고 원인, 장소, 시간에 따라 발생한 사고 횟수, 사고 시 가장 많이 다치는 부상 부위, 사고가 가장 많이 발생한 장소나 시간 등 그래프 읽기, 양의 크기 비교하기 등 그래프 해석하기 | | | | ○ | ○ | ○ | |
| 11. 막대그래프를 보고 사고가 발생하는 경우를 예상하고 같은 종류의 사고가 발생하지 않기 위해 마련해야 할 대안에 대하여 이야기하기 | | | | ○ | ○ | ○ | |
| 12. 단원 정리 및 단원 평가 | | | | ○ | ○ | | ○ |

# 6. 꺾은선그래프와 여러 가지 그래프(고등학교1~3학년군)

## 1) 기대하는 학습 결과의 확인

### ① 교육과정 내용 요소 및 성취 기준 검토

| 기본교육과정(2015) | 공통교육과정 |
|---|---|
| 자료와 가능성 | 자료와 가능성 |
| 자료 | 자료 |
| 고1~3학년 | 초1~2학년 |
| • 꺾은선그래프<br>• 여러 가지 그래프 | • 그림그래프<br>• 막대그래프<br>• 꺾은선그래프<br>• 여러 가지 그래프 |
| • 꺾은선그래프 그리는 방법을 익히고, 자료를 꺾은선그래프로 나타낸다.<br>• 꺾은선그래프에서 자료의 특성을 찾고 해석한다.<br>• 막대그래프와 꺾은선그래프의 차이를 비교한다.<br>• 실생활과 관련된 여러 가지 그래프를 찾고 해석한다. | • 실생활 자료를 수집하여 그림그래프나 막대그래프로 나타낼 수 있다.<br>• 연속적인 변량에 대한 자료를 수집하여 꺾은선그래프로 나타낼 수 있다.<br>• 여러 가지 자료를 수집, 분류, 정리하여 자료의 특성에 맞는 그래프로 나타내고, 그래프를 해석할 수 있다. |
| • 관찰하기　• 비교하기<br>• 분석하기　• 해석하기<br>• 그리기 | • 수집하기　• 비교하기<br>• 분석하기　• 해석하기<br>• 그리기 |

## ② 학습의 흐름

| 꺾은선그래프 | → | 그래프의 비교 | → | 그래프의 해석 |
|---|---|---|---|---|

▸ 그래프 만들기
 - 자료를 수집하여 사진, 그림을 활용한 간단한 그래프로 나타내기
 - 자료를 수집하여 기호를 활용한 간단한 그래프로 나타내기

▸ 막대그래프 알기
 - 자료의 크기를 직사각형 마디에 색칠하여 그래프로 나타내기
 - 막대그래프로 나타내야 하는 경우 알기
▸ 막대그래프 그리는 방법 알기

▸ 그래프를 보고 이야기하기
▸ 막대그래프 해석하기
 - 양의 크기 비교하기
▸ 그래프를 해석하여 의사결정하기

## ③ 기대하는 학습결과 템플릿

| 단원의 목표 | |
|---|---|
| • 꺾은선그래프의 특징과 그리는 방법을 알고 해석할 수 있다.<br>• 실생활과 관련된 여러 가지 그래프를 찾고 해석할 수 있다. | |
| **일반화** | **핵심질문** |
| • 다양한 자료와 상황에 따라 주어진 자료를 효과적으로 나타낼 필요가 있다.<br>• 연속적인 변량을 나타내기 위해서는 꺾은선그래프가 필요하다.<br>• 자료의 변화를 알고 해석하면서 미래의 자료를 예측할 수 있다. | • 주어진 자료를 효과적으로 나타내기 위해 어떠한 그래프가 필요한가?<br>• 막대그래프와 비교하여 꺾은선그래프는 어떠한 특징이 있는가?<br>• 꺾은선그래프는 어떻게 그리는가?<br>• 실생활과 관련된 그래프를 찾고 해석할 수 있는가? |

| 사실과 개념적 지식 | 기능 |
|---|---|
| 꺾은선, 막대, 표, 그래프, 그림, 자료, 기울기, 변화, 예측 | • 관찰하기/비교하기(막대그래프와 꺾은선그래프)<br>• 자료의 특성 찾기<br>• 점과 선 잇기<br>• 꺾은선그래프 그리기<br>• 꺾은선그래프 해석하기<br>• 자료의 변화 예측하기<br>• 실생활과 관련된 그래프 찾기 |

## 2) 다양한 이해의 증거 결정: 평가 과제 개발

### ① 다양한 이해의 증거 결정: GRASPS 모델 적용

| 수행과제 | |
|---|---|
| ▶ 멸종 동물은 우리가 지킨다. | |
| 목표(G) | 멸종위기동물의 심각성을 알고 환경보호를 실천할 수 있도록 하는 것이다. |
| 역할(R) | 환경보호 운동가 |
| 대상(A) | 고등학교 1~3학년 |
| 상황(S) | 지구상의 환경오염으로 인해 매년 지구온난화가 심각해지고, 학생들이 좋아하는 동물들이 사라지고 있다. 안타깝게 멸종되는 동물들을 보호하기 위해 우리 주변에서 지구온난화를 초래하는 상황을 조사하고, 학생들 스스로 환경보호를 실천할 수 있도록 한다. |
| 수행(P) | 우리나라의 연평균 기온의 변화와 기온에 영향을 미치는 환경오염의 실태를 조사하고, 환경보호를 실천할 수 있는 자료를 발표해야 한다. |
| 기준(S) | 이 보고 자료에는 다음과 같은 내용이 포함되어야 합니다.<br>- 세계 멸종 동물의 종류와 줄어드는 수<br>- 세계 연평균 기온 변화<br>- 가정과 학교의 전기 사용량 변화<br>- 우리나라의 에어컨 판매량 조사<br>- 환경 보호 실천방법 제시 |

## ② 다양한 이해의 증거 결정: 평가 루브릭

| 항목<br>척도 | 변화하는 양에<br>대한 자료<br>조사하기 | 꺾은선그래프 | 여러 가지 그래프 | 그래프의 해석 |
|---|---|---|---|---|
| 4 | 변화하는 양의 의미를 설명하고, 자료를 조사하는 방법을 스스로 계획하여 수집한다. | 변화하는 양에 대한 자료를 꺾은선그래프로 나타내고, 기울기의 의미를 설명한다. | 과제 해결에 알맞은 여러 가지 그래프를 찾고, 그 그래프가 나타내는 자료의 양을 비교한다. | 여러 가지 그래프가 나타내는 자료를 해석하고, 과제에 맞는 해결방안을 찾는다. |
| 3 | 절차를 안내하여 주면 자료를 수집하고, 변화하는 양의 유무에 따라 구분한다. | 자료를 꺾은선그래프로 나타내고, 자료가 나타내는 양을 읽는다. | 여러 가지 그래프를 종류별로 구별하고, 그래프가 나타내는 자료의 양을 읽는다. | 여러 가지 그래프가 나타내는 자료를 읽고, 양의 변화를 예측한다. |
| 2 | 제시된 자료가 나타내는 양을 읽는다. | 제시된 그림에서 꺾은선 그래프를 구별한다. | 조사한 자료에 해당되는 그래프를 찾는다. | 여러 가지 그래프에 제시된 자료를 읽는다. |
| 1 | 절차를 안내하여도 자료를 수집하지 못하고, 자료에서 나타내는 양을 읽지 못한다. | 꺾은선그래프에 제시된 자료가 나타내는 양을 읽지 못한다. | 주어진 절차에 따라 그래프를 찾지 못한다. | 여러 가지 그래프에 제시된 자료를 읽지 못한다. |

## ③ 다양한 이해의 증거 결정: 그 밖의 증거

| 영역 | 평가 내용 | 방법 |
|---|---|---|
| 지식 | 꺾은선그래프와 막대그래프의 차이점을 알고 있는가? | 질문 |
| | 꺾은선그래프로 나타내면 편리한 점을 알고 있는가? | 관찰 |
| 가치 및<br>태도 | 꺾은선그래프의 변화하는 양을 보고 미래를 예측할 수 있는가? | 관찰 |
| | 주제에 알맞은 그래프를 찾고 활용할 수 있는가? | |
| | 꺾은선그래프와 여러 가지 그래프를 활용하여 실생활에서 문제를 해결할 수 있는가? | 면담<br>보고 |

## 3) 학습 활동 개발 및 계열화

꺾은선그래프는 막대그래프와 비교하여 주어진 기간 동안 자료의 변화하는 모습을 효과적으로 파악할 수 있으며, 신문이나 잡지 등에서 많이 활용하는 자료 표현의 방식이다. 따라서 이 단원에서 꺾은선그래프를 배움으로써 실생활에서 자주 접할 수 있는 꺾은선그래프로 나타낸 자료를 해석하고 활용하는 능력을 키울 수 있다. 또한 꺾은선그래프가 나타내는 자료의 변화와 통계적인 수치를 분석하여, 실생활에서 당면한 문제들을 해결할 수 있는 방안을 마련할 수 있다. 그리고 꺾은선그래프를 그리는 방법을 배움으로써 자신이 조사한 자료를 효율적으로 그래프로 나타낼 수 있으므로 수학적 의사소통에 도움이 된다. 문제해결에 필요한 자료의 특징에 따라 나타내는 그래프의 종류가 달라짐을 이해하고, 자료를 효과적으로 나타내기 위한 그래프를 찾을 수 있다.

이 단원의 꺾은선그래프에서는 연속적인 변량에 대한 통계 자료를 조사하여 꺾은선그래프를 그려보게 한다. 꺾은선그래프를 통해 자료가 의미하는 바를 알며, 꺾은선그래프가 막대그래프보다 자료의 변화하는 모습을 알아보기에 편리하다는 것을 알게 한다.

여러 가지 그래프에서는 실생활과 관련하여 신문, 인터넷 등에서 쉽게 찾을 수 있는 표나 그래프를 찾고 해석함으로써 필요한 정보를 얻을 수 있게 한다.

| 학습 경험 계획 | W | H | E1 | R | E2 | T | O |
|---|---|---|---|---|---|---|---|
| 1. 멸종위기동물의 실태를 꺾은선그래프로 제시한 뉴스 영상을 보여주고 그래프에 대한 흥미 유발하기 | | ○ | | | | | |
| 2. 핵심질문과 수행과제를 제시하고 설명하기 | ○ | | | | | | |
| 3. 막대그래프와 꺾은선그래프를 제시하고, 변화하는 양을 알아보기 쉬운 것을 찾고 이야기하기 | | | ○ | ○ | | | |
| 4. 꺾은선그래프의 뜻, 특징, 장점에 대하여 이야기하기 | | | ○ | ○ | | | |
| 5. 변화하는 양을 꺾은선그래프로 만드는 과정을 과제 분석하여 단계별로 연습하기 | | | | | | | |
|   – 신문이나 인터넷에서 일기예보 자료 수집하기 | | ○ | ○ | | | ○ | |
|   – 가로와 세로 눈금 나타내기 | | | ○ | ○ | | | |
|   – 점을 차례대로 잇기 | | | ○ | ○ | | | |
|   – 그래프의 기울기 해석하기 | | | ○ | ○ | | | |
|   – 그래프의 변화 예측하기 | | | ○ | ○ | | | |
| * 요일별, 연도별, 지역별 날씨에 따라 일기예보의 자료를 수집하여 반복하여 연습하기 | | | | | | | |
| 6. 수행과제의 자료 수집 방법 및 계획 세우기 | ○ | | | ○ | | | |
| 7. 세계 멸종 동물의 종류와 줄어드는 수와 세계 연평균기온의 변화를 꺾은선그래프로 보고, 이러한 현상이 발생한 원인, 앞으로의 변화 예측, 이러한 현상이 지속될 때의 문제점과 해결방안에 대하여 토의하기 | | | | ○ | ○ | ○ | ○ |
| 8. 우리나라 에어컨 판매량과 가정 및 학교의 전기 사용량의 증가를 나타낸 꺾은선그래프를 보고, 가정과 학교에서 지구 온난화를 막을 수 있는 방법을 토의하기 | | | | ○ | | ○ | ○ |
| 9. 가정과 학교에서 적용할 수 있는 환경보호 실천방법 계획하고 발표하기 | | | | ○ | ○ | ○ | ○ |
| 10. 단원 정리 및 단원 평가 | | | | ○ | ○ | | ○ |

# V. 끝나지 않은 고민, 함께 앞으로

   본 연구는 백워드 설계 모형의 절차를 적용하여 특수교육 현장에서 개별화교육과 교육과정, 수업, 평가의 체계를 세우기 위한 연구로 기본교육과정 수학과 자료 영역을 중심으로 중요한 교육내용을 선정하고 영속적 이해를 규명하고 이를 증거할 수 있는 평가 과제와 루브릭을 개발하며 학습 경험을 개발하고 계열화하였습니다. 이 과정을 통해 얻는 의미는 다음과 같습니다.

   첫째, '경제적인' 교육, '적게 배우면서도 많이 아는'교육을 실행할 수 있게 됩니다. 가르쳐야 할 것은 많고 시간은 제한되어 있을 때 교과에서 정말 중요한 것이 무엇인지에 대해 이해하고 오래 지속될 수 있는 것, 유용한 것은 어떤 것인지 집중하면 그에 대한 평가 기준과 어떻게 가르칠 것인지를 결정하는 것이 수월해집니다. 그리고 국가 수준에서 정해준 교육 내용을 전달하는 것만이 아니라 국가 수준의 교육 목표와 성취기준, 내용 요소를 검토하고 어떻게 실천하고 평가할지 스스로 결정할 때 내가 가르칠 학생은 무엇을 이해하고 할 수 있어야 하는지 교육과정의 핵심을 명확하게 하여 분명한 설계도를 갖게 됩니다. 그리고 이 과정에서 교사는 교육내용의 단순 전달자가 아니라 교육과정의 적절성과 교실 수업에서의 적용 가능성을 고민하면서 교육과정 개발자로서의 역할을 실행하게 되고 의도된 교육과정과 전개된 교육과정의 갭을 줄일 수 있습니다. 더불어 특수교육 현장을 들여다 볼 때 기초학습기능의 향상에만 치중하기 때문에 기계적인 반복 학습 형태로 운영하고 있는 경우를 많이 볼 수 있는데 이는 발달론적 모델에 근거한 접근으로 지적장애학생이 학습의 준비 단계에 이르지 못하면 다음 단계로 넘어갈 수 없다고 보는 관점 때문이며 이러한 관점은 학생이 지역사회, 가정, 학교의 일상생활에 직면하는 기능과 맥락이 무시되는 것으로 지적되기도 합니다(Rainforth el al., 1992; 배찬효, 2012 재인용). 그러나 이해의 6가지 측면과 이를 증거할 수 있는 평가 기준을 고민해본다면 교육과정에서 제시하는 성취기준을 경험하기 위해 교육활동을 더욱 다양하게 운영할 수 있게 됩니다.

둘째, 특수교사에게 평가 전문가로서의 방향을 제시할 수 있게 되었습니다. 특수교육 현장에서 주로 사용되는 평가의 방법은 관찰, 학습활동 결과물 수집과 이를 통한 누가기록이 많았습니다. 그러나 이러한 교사 개인의 관찰과 누가기록 위주의 평가 결과로는 바라보는 사람에 따라 다른 판단을 하게 될 수 있으므로 보다 더 다양하고 체계적인 교육활동 결과에 대한 평가 방안을 마련하여 교육 목표 도달도를 타당하고 신뢰롭게 평가할 수 있어야 합니다. 그리고 점차 특수교육대상학생의 평가 참여에 있어서도 제한받지 않도록 평가 조정에 대해 강조하고 있는 추세인데 이 때 표준적인 평가 방법만으로는 학생 자신이 알고 있는 바를 충분히 드러내지 못할 가능성이 있으며, 이러한 경우에는 다양한 평가 방법을 제시해주어야 합니다. 이를 위해서는 다양한 평가 기법과 학생이 드러낼 수 있는 수행 결과의 다양성에 대해 해박한 지식과 기술을 갖추어야 하는데 백워드 설계에서는 6가지 이해의 측면과 이를 나타낼 수 있는 다양한 동사, 즉 행동을 나타낸 단어를 소개해주고 있습니다. 다만 이번 연구를 통해 깨닫게 된 한계는 이해의 6가지 측면을 어떤 행동으로 나타낼 수 있는지를 제시한 동사가 중도의 지적장애학생에게는 어려운 수행 동사이기 때문에 중도의 지적장애를 가진 학생의 경우에는 어떠한 수행으로 나타낼 수 있을 것인지 고민이 필요하다는 것입니다.

마지막으로 학생간의 차이는 물론이고 개인 내적인 차이도 큰 특수교육현장에서 단일 교육과정으로 운영하면서 많은 어려움을 겪고 있고 그 안에서 특수교사는 수업 운영 뿐 아니라 교육활동 전반에 대해 자신이 하고 있는 일에 대해 확신하지 못하면서 갈등을 겪고 있으면서도 어떻게든 본인의 역할에 충실하면서 교과 지식을 전달하기 위해 교육과정을 재구성하는 일에 고군분투하고 있습니다.

이 연구를 혼자 하는 것이 아니라 5명의 공동연구원이 함께 진행하면서 교사들이 함께 고민하고 연구하는 것의 가치에 대해 느낄 수 있었고 정답에 도달하지는 못했을지라도 함께 고민하고 연구하면서 수업에 대한 책임감과 열정을 더 갖게 되었습니다. 따라서 특수교사들이 교육과정 및 수업 운영에서 부딪히는 문제점과 딜레마를 해결하는데 도움을 받지 못하고 교사 개인의 책임, 전문성 신장의 몫으로 돌리고 있는 현실에서 반드시 이런 갈등과 문제점 등을 동료교사와 지속적으로 논의하고 토론할 수 있는 학습공동체가 필요합니다.

이 연구는 동일한 교육내용으로 다양한 교육적 요구를 가진 여러 명의 아이들을 한 교실에서 가르쳐야 하는 현실에서 특수교사로서 갈등을 겪으며 좀 더 나은 길을 찾기 위해 고민하며 시작했습니다.

교육과정은 다양하게 정의할 수 있으나 교육의 목적을 세우고, 이를 어떻게 실현할지 내용과 방법을 결정하고 실천해보고 난 후 반성하면서 성과 여부에 따라 다음은 어떻게 실행할지 결정하는 일련의 과정을 의도적, 체계적으로 조직한 계획이며 학생이 살아갈 사회에서 요구하는 보편적 교육내용에 대한 기준이라고 할 수 있습니다.

특수교육대상학생 또한 미래에 같은 사회에서 살아가야 한다면 보편적인 교육경험을 해야 하고 이러한 측면에서 교육과정 통합은 통합교육 환경에 배치되어 물리적 통합 환경에 있는 경도의 장애학생들만 고려하는 것이 아니라 분리교육환경에 있는 중도장애학생까지 이루어져야 합니다. 연구와 고민을 통해 찾은 답은 교과 지식이 어렵다고 해도 아이의 삶의 질을 향상하기 위한 기능적 기술과 전혀 상관없지 않다는 것이며 어떠한 교육 경험이 아이가 앞으로 통합되어 살아갈 사회에서 일반인에 비해 필요하고 필요하지 않은지 한 사람의 교사, 한 사람의 학부모가 마음대로 결정할 수 있는 권한이 주어지지 않았다는 것입니다. 어떠한 경험이든 아이의 삶에 축적된다면 어떤 식으로든 발현될 수 있을 거라고 기대하며 그것이 아이에게 유의미하게 받아들여질 수 있도록 해석하여 구성해내는 것이 특수교사로서의 의무이고 전문성일 것입니다.

# 참 고 문 헌

강은영·박윤정(2016). 백워드 설계를 활용한 초등특수학급 교육과정 개발
　　과 IEP와의 연계 방안 탐색, 특수교육저널: 이론과 실천 17(3),
　　p.359-388.

교육부(2015a). 초·중등학교 교육과정. 교육부 고시 제2015-74호.

교육부(2015b). 특수교육 교육과정. 교육부 고시 제2015-81호.

교육부(2016). 2015 개정 교육과정 총론 해설: 초등학교.

교육부(2017a). 2015 개정 특수교육 교육과정 총론 해설서.

교육부(2017b). 2015 개정 교육과정에 따른 평가기준.

국립특수교육원(2014). 2015 교육과정 개정을 위한 특수교육 교육과정 총
　　론 개정 연구. 국립특수교육원 보고서.

김경자·온정덕(2014), 이해중심 교육과정: 백워드 설계, 서울: 교육아카데
　　미.

박윤정·강은영(2016). 교수적 수정과 보편적 교수·학습 설계에 대한 국내
　　연구 동향 비교 분석, 특수교육 15(3), p.251-280.

박일수(2012), 백워드 설계 모형의 수학과 적용 가능성 탐색: 초등학교 6
　　학년 비율 그래프 단원을 중심으로, 교육과정연구 30(4),
　　p.109-137.

박정식(2015), 특수교육 기본교육과정 연구 동향 및 과제, 특수아동교육연
　　구 17(4), p.95-123.

배찬효(2012), 지적장애학생의 일반교육 교육과정 접근 방안 탐색, 특수교
　　육교과교육연구 5(3), p.77-108.

이숙정(2013). 중도·중복장애 학생 교육과정 운영에 대한 특수학교 교사의 내러티브 분석, 한국지체·중복 건강장애 교육학회 지체·중복 건강장애연구 56(1), p.19-42.

이홍우(2015), 교육과정탐구, 서울: 박영사.

전병운(2014), 한국 특수교육의 새로운 방향 탐색을 위한 교육과정 개정의 과제, 한국특수교육학회 학술대회, p.1-16

정동영 외(2011), 특수교육 기본교육과정의 적합성 제고 방안 연구, 특수교육연구 18(1), p73-94.

조재식(2005). 백워드 교육과정 설계 모형의 고찰, 교육과정연구 23(1), p.63-94.

최나영(2015), 백워드 디자인을 통해 본 미국 국가 수준 핵심음악기준의 내용 제시 방식의 의미, 음악교육공학 25, p.75-98.

홍후조(2013). 알기 쉬운 교육과정. 서울: 학지사.

Carol Ann Tomlinson·Jay McTighe(2006), Intergrating Differential Instruction & Understanding bu Design: Connecting Content and Kids, 김경자·온정덕·장수빈 역(2013), 맞춤형 수업과 이해중심 교육과정의 통합, 서울: 학지사.